ベランダでもOK！！

新装版

はじめての **コンテナでつくる 野菜づくり 79種**

鉢植え1つから。ほんのわずかなスペースでもできる！
育て方のポイントを初心者向けに解説。

監修　東京都立園芸高等学校

新星出版社

CONTENTS

本書の見方 …………………………………………… 4

コンテナで育てる
野菜づくりのプラン　　（6ページ〜18ページ）

身近でできる野菜づくりを楽しみましょう……………… 6
南向きの広いベランダ ………………………………… 8
東向きの狭いベランダ ………………………………… 12
北西向きの狭いベランダ ……………………………… 16
ベランダの野菜づくりをもっと楽しくする5か条 ……… 18

コンテナで育てる
野菜づくり　　（20ページ〜182ページ）
（詳細は右ページ参照のこと➡）

コンテナで育てる
野菜づくりの基礎知識　　（184ページ〜206ページ）

苗&タネ選び ………………………………………… 184
植えつけの基本 ……………………………………… 185
タネまきの基本 ……………………………………… 186
支柱立てと誘引 ……………………………………… 188
コンテナ選び ………………………………………… 190
そろえておきたい道具 ……………………………… 192
育てる場所 …………………………………………… 193
ベランダで栽培するときの注意 …………………… 194
野菜づくりの土 ……………………………………… 196
水やりの基本 ………………………………………… 198
肥料の基本 …………………………………………… 199
病気・害虫対策 ……………………………………… 202
園芸用語 ……………………………………………… 206

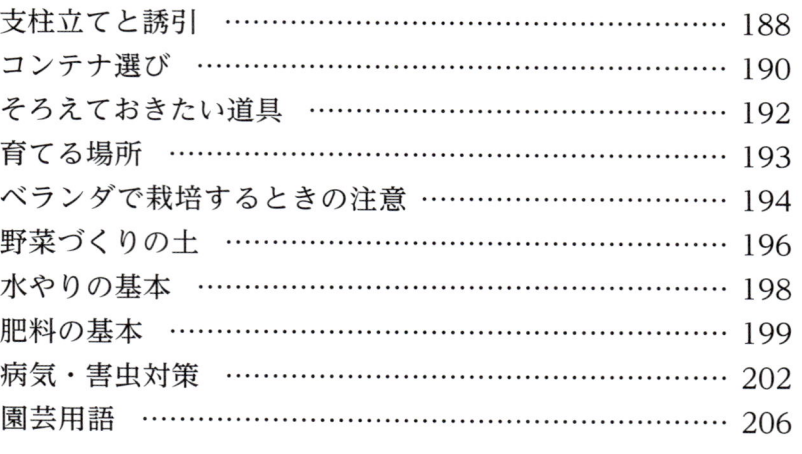

監修
　東京都立園芸高等学校
　戸部孝綱
撮影協力
　東京都立園芸高等学校
　東京都立農芸高等学校
写真
　じゅわ樹
イラスト
　じゅわ樹
企画・編集
　じゅわ樹
　相坂柚火子　鎌谷善枝
レイアウト
　グラフト

つくり方掲載野菜リスト （☺=簡単、😐=普通、☹=難しい） （20ページ〜182ページ）

☺ アシタバ	……………………	20
☺ イチゴ	………………………	22
☺ インゲンマメ	…………………	24
☺ エダマメ	………………………	26
☺ エンサイ（ヨウサイ、クウシンサイ）	…	28
☺ エンドウマメ	…………………	30
☺ オータムポエム	………………	32
☺ オカノリ	………………………	34
😐 オカヒジキ	……………………	36
😐 オクラ	…………………………	38
☺ カブ	……………………………	40
😐 カボチャ	………………………	42
☺ カラント	………………………	45
😐 カリフラワー	…………………	46
☹ キャベツ	………………………	49
😐 キュウリ	………………………	52
☺ コウサイタイ	…………………	56
☺ コールラビ	……………………	58
😐 ゴボウ	…………………………	61
☺ ゴマ	……………………………	63
☺ コマツナ	………………………	64
☺ サツマイモ	……………………	66
☹ サトイモ	………………………	68
☺ サンチュ	………………………	70
☺ サントウサイ	…………………	72
☺ シシトウ	………………………	74
☺ シソ	……………………………	76
😐 ジャガイモ	……………………	78
☺ シュンギク	……………………	81
☺ ショウガ	………………………	83
😐 シロウリ	………………………	86
☹ スイカ	…………………………	87
☺ スープセロリ	…………………	88
☺ スイスチャード	………………	89
😐 ズッキーニ	……………………	90
☹ ソラマメ	………………………	92
☺ タアサイ	………………………	94
☺ ダイコン	………………………	96
☺ タマネギ	………………………	98
☺ チンゲンサイ	…………………	100
☺ ツルムラサキ	…………………	102

☺ トウガラシ	……………………	104
☺ トウガン	………………………	106
😐 トウモロコシ	…………………	108
☺ トマト（ミディトマト）	………	112
☺ ミニトマト	……………………	116
😐 ナス	……………………………	118
☺ ニガウリ	………………………	122
☺ ニンニク	………………………	125
☺ ニラ	……………………………	126
☺ ニンジン	………………………	128
☺ ネギ（九条ネギ）	……………	130
😐 ハクサイ	………………………	132
☺ バジル	…………………………	134
☺ パセリ	…………………………	136
☺ ハダイコン	……………………	138
☺ パプリカ	………………………	140
😐 ビート	…………………………	143
☺ ピーマン	………………………	145
☺ ブラックベリー	………………	148
☺ ブルーベリー	…………………	149
☺ ブロッコリー	…………………	150
☺ ホウレンソウ	…………………	152
☺ ミズナ（キョウナ）	……………	154
😐 ミツバ	…………………………	156
☺ ミョウガ	………………………	158
😐 メキャベツ	……………………	160
☹ メロン	…………………………	163
☺ モロヘイヤ	……………………	166
☺ ヤーコン	………………………	168
☺ ラズベリー	……………………	170
☺ ラディッシュ（二十日大根） ……		171
☺ ルッコラ	………………………	173
☺ リーフレタス	…………………	175
☹ レタス（結球）	………………	176

こんな野菜も育ててみよう！

😐 ヘチマ	…………………………	178
😐 ヒョウタン	……………………	179
☺ シイタケ	………………………	180
😐 イネ	……………………………	182

本書の見方

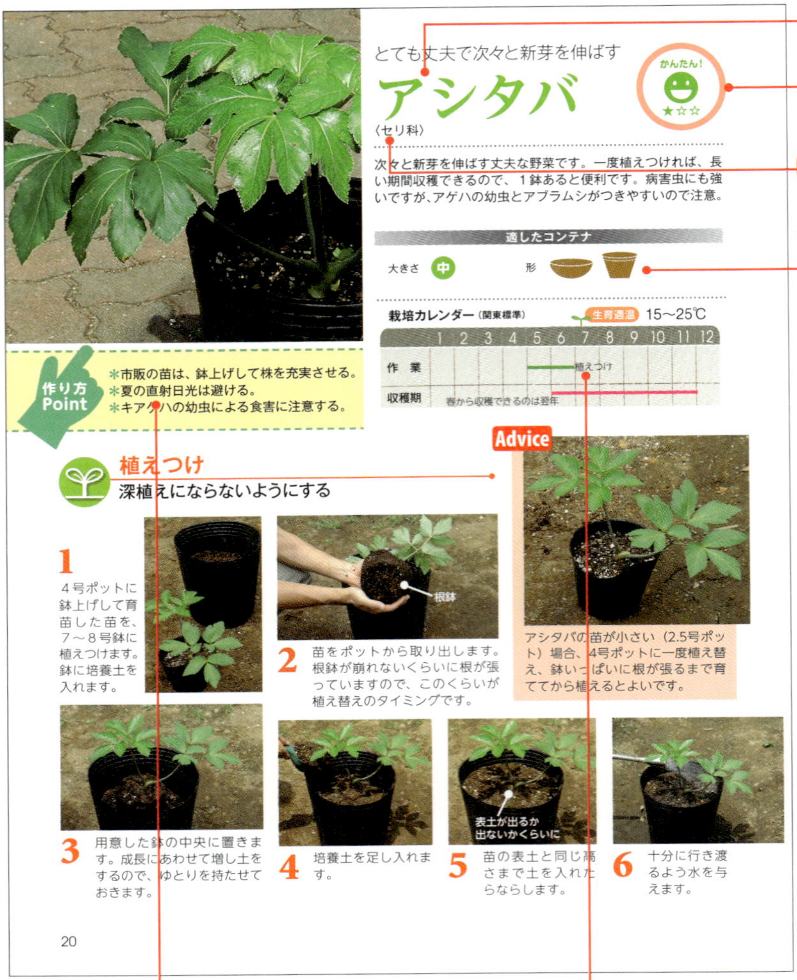

とても丈夫で次々と新芽を伸ばす
アシタバ
〈セリ科〉
かんたん！
★☆☆
次々と新芽を伸ばす丈夫な野菜です。一度植えつければ、長い期間収穫できるので、１鉢あると便利です。病害虫にも強いですが、アゲハの幼虫とアブラムシがつきやすいので注意。
適したコンテナ
大きさ 中
形
栽培カレンダー（関東標準）
生育適温 15～25℃
1 2 3 4 5 6 7 8 9 10 11 12
作　業
植えつけ
収穫期
春から収穫できるのは翌年
作り方 Point
＊市販の苗は、鉢上げして株を充実させる。
＊夏の直射日光は避ける。
＊キアゲハの幼虫による食害に注意する。
植えつけ
深植えにならないようにする
1
４号ポットに鉢上げして育苗した苗を、７～８号鉢に植えつけます。鉢に培養土を入れます。
根鉢
2
苗をポットから取り出します。根鉢が崩れないくらいに根が張っていますので、このくらいが植え替えのタイミングです。
Advice
アシタバの苗が小さい（2.5号ポット）場合、4号ポットに一度植え替え、鉢いっぱいに根が張るまで育ててから植えるとよいです。
3
用意した鉢の中央に置きます。成長にあわせて増し土をするので、ゆとりを持たせておきます。
4
培養土を足し入れます。
表土が出るか出ないかくらいに
5
苗の表土と同じ高さまで土を入れたらならします。
6
十分に行き渡るよう水を与えます。
20

野菜の名称

野菜の科名

クロンキスト体系に従った分類です。

栽培難易度

かんたん！ ★☆☆ 初心者でも栽培しやすい野菜です。

ふつう ★★☆ やや難しいですが、初心者でも栽培できる野菜です。

むずかしい ★★★ 初心者には難しい野菜です。

適したコンテナ

小 幅25～30㎝、深さ10㎝あれば栽培できる野菜です。

中 ６～８号（口径20㎝前後）程度の大きさで栽培できる野菜です。

大 10号（口径30㎝）以上の大きさが望ましい野菜です。

プランタータイプ（横幅があるもの）

ローボウルタイプ（浅めのもの）

バケツ型タイプ（深さのあるもの）

作り方ポイント

その野菜を栽培するにあたっての注意点や、ポイントを示しています。

栽培カレンダー

タネまき時期と植えつけ時期、収穫時期を示しています。関東地域標準です。タネまきをするものは、発芽に適した温度を示す「発芽適温」を、苗を植えつけて育てるものは、生育に適した温度を示す「生育適温」を掲載しました。中には、発芽適温が低めでも夏にタネまきをする野菜もあります。やや高めでも発芽しますが、発芽までは日陰に置くなど、涼しくしてやりましょう。

用語

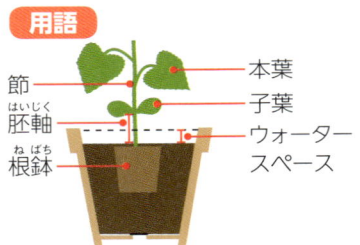

節
胚軸（はいじく）
根鉢（ねばち）
本葉
子葉
ウォーター
スペース

身近でできる野菜づくりを楽しみましょう

コンテナで育てる野菜づくりの魅力は、なんといってもベランダや窓辺など、身近な場所で野菜づくりができること。そのメリットを活かして、たくさんの手づくり野菜を楽しみましょう。

ミニトマト。ベランダの窓辺に。

ネギやパセリなどちょっと使いたいものを育てておくと便利。

スイカの栽培にもチャレンジ。
ミニニンジンの本葉もかわいい

コンテナで育てる魅力

使いたいときにすぐに使える

　コンテナで育てる野菜づくりの魅力は、身近な場所でつくるから、使いたいときにすぐに使えること。ベランダから「産地直送」の野菜は、何よりも新鮮。収穫したての味は、自分で育てるからこそ味わえるもの。形がちょっと悪くても、ミニトマトの皮が硬くなってしまっていても、それはそれで手作りのよさ。

　また、パセリなどは1株あるととても便利です。

毎日の小さな発見がうれしい

　コンテナでは、畑ほどたくさん収穫できるわけではありませんが、野菜づくりの楽しさを教えてくれます。発芽したとき、ゴーヤの小さな小さな実がついたとき、まだまだ幼いチンゲンサイの苗が、それでも一人前のチンゲンサイの形をしているのを発見したとき……。毎日の小さな「発見」に、きっとわくわくすることでしょう。

屋上で育つキュウリ。

カラフルな彩りもうれしいトウガラシ。

葉もの野菜をタネから育てる。

レタスの発芽。

コンテナで育てる 野菜づくりのプラン

南向きの広いベランダ

南向きの広めのベランダでは、日当たりがよく、野菜もよく育つでしょう。真夏は日差しが強く、気温が上昇しやすくなりますので、ウッドパネルを敷くなどして対策を。コンテナの土が乾燥しやすいので、こまめに水を与えましょう。

春 → 秋

野菜づくりプラン

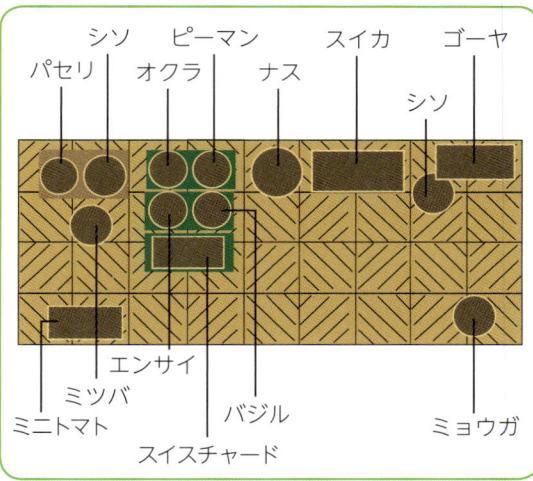

日当たりのよさを利用して

　手すり近くはほぼ1日中日が当たるので、日なたを好む野菜を育てます。

　コーナー近くは、コンクリートに囲まれて日当たりと風通しが悪くなるので、床に置かずに、手すりにかけます。プランターハンガーを利用するとよいでしょう。

　部屋に近い側は、日当たりが悪いので、日陰がちの環境を好むミョウガを育てます。

　コンテナの土が乾燥しやすいので、根元を覆うなどして対策します。

オクラ ▶ 38ページ

エンサイ ▶ 28ページ

ナス ▶ 118ページ

ミョウガ ▶ 158ページ

南向きの広いベランダ

秋 → 春

野菜づくりプラン

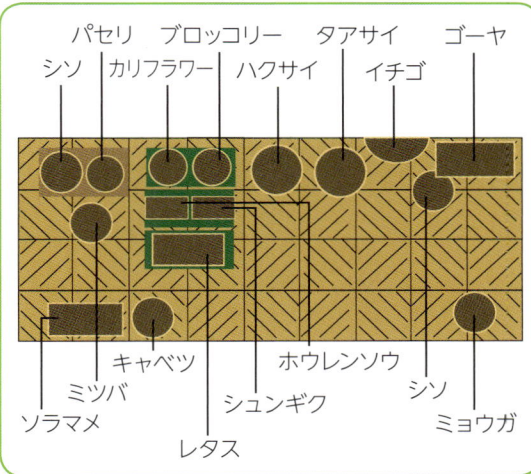

日当たりがよくなる部屋側をメインに

　秋から冬には、太陽が低い位置から斜めに差し込むので、ベランダの部屋に近い側の日当たりがよくなります。そこで、キャベツやソラマメなど、少しスペースが必要な野菜を育てます。

　手すり近くは日当たりがよいので、好みの葉もの野菜を育てます。冬の時期からの栽培では、ホウレンソウやハクサイ、タアサイなどがよく、寒さに当たると甘みが増しておいしくなります。

　手すりの下あたりは、日当たり、風通しが悪いので、床置きは避けましょう。

エンドウマメ ▶ 30 ページ

カリフラワー ▶ 46 ページ

タアサイ ▶ 94 ページ

ハクサイ ▶ 132 ページ

コンテナで育てる 野菜づくりのプラン

東向きの狭いベランダ

東向きのベランダでは、南側の部屋側の日照時間が短くなります。そこでは、日陰がちでも育つミツバなどの野菜を育てます。手すり近くの日当たりのよい場所では、あまり広がらない実もの野菜を。また、キュウリもコンパクトに仕立てます。

野菜づくりプラン

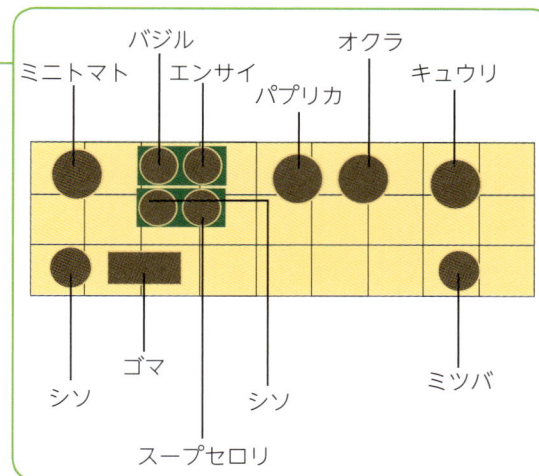

日当たりの変化を考えて配置する

東向きのベランダでは、南向きに比べて日照時間が短くなりますが、比較的野菜づくりにはよい環境です。狭い分、できるだけスペースを効率よく使いましょう。

トマトやキュウリはスペースを取るので、できるだけ幅を広げないように仕立てます。夏の実もの野菜の多くはスペースが必要なので、あまり枝が広がらないタイプを選ぶようにします。ミニタイプやセニョリータなどが、見た目にも華やかでおすすめです。

キュウリ ▶ 52 ページ

スープセロリ ▶ 88 ページ

バジル ▶ 134 ページ

パプリカ ▶ 140 ページ

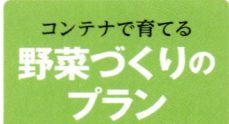 ## 東向きの狭いベランダ

野菜づくりプラン

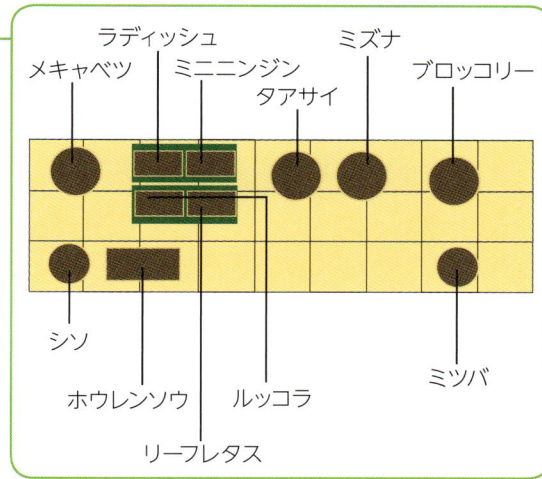

部屋側のスペースで葉もの野菜を

　秋から冬は日照時間が短くなるので、できるだけ手すりの近くにコンテナを設置して、少しでも長く日当たり時間を確保します。

　部屋側の日当たりがよくなるので、葉もの野菜のコンテナを並べると、間引き収穫にも便利です。部屋のあかりがもれて、ホウレンソウがトウ立ちしないように注意します。

　手すりの角は、台になるものを置いて、コンテナの高さを上げるようにします。

チンゲンサイ ▶ 100ページ

ミズナ ▶ 154ページ

メキャベツ ▶ 160ページ

ラディッシュ ▶ 171ページ

コンテナで育てる 野菜づくりのプラン

北西向きの狭いベランダ

とくに冬は日当たりが悪く、また寒さの厳しい環境になります。寒さに強い野菜を選びましょう。イチゴなどは、ハンギングバスケットで高さを確保するのもひとつの方法です。夏の間は、日が回り込みます。

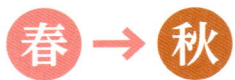
春 → 秋

手すりを活用する

　手すりにプランターハンガーを利用してコンテナを掛ける、台になるものを設置して、上にコンテナを置くなどして、できるだけ高さを上げて日当たり時間を確保します。

　ミニトマトのなかでも、草丈が高くならず、ハンギングバスケットでも育てられる品種がありますので、それらを利用するとよいでしょう。

　床の部分が寂しいなら、日陰がちの環境でも育つグリーンを飾るとよいでしょう。夏の期間なら、ポトスなどの観葉植物を飾るのもおすすめです。

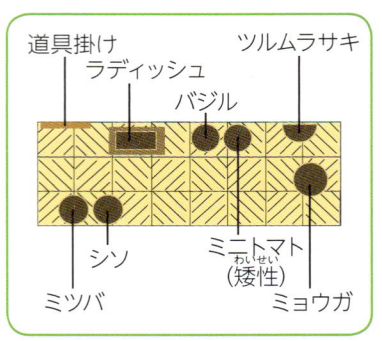

ツルムラサキ ▶ 102ページ

ラディッシュ ▶ 171ページ

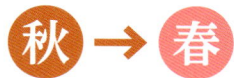

イチゴをハンギングバスケットで

　春～夏の期間と同様に、手すりを活用します。北向きだと日当たり時間があまり期待できないので、弱い光でも育つ葉もの野菜を育てます。

　レタスのタネがいろいろとミックスされたベビーリーフは、彩りもカラフルになって便利です。また、イチゴをハンギングバスケットに仕立てて吊すのもよいでしょう。

　また、道具掛けなどを設置して、見た目に楽しい演出をしておくと、毎日ベランダを眺めるのが楽しくなります。道具のさびなどには注意を。

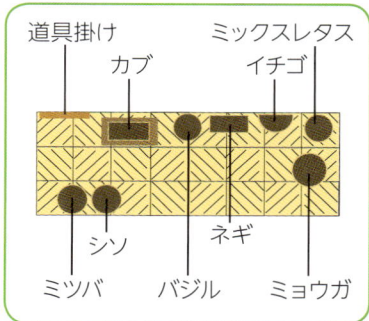

イチゴ ▶ 22 ページ

リーフレタス ▶ 175 ページ

ベランダの野菜づくりを
もっと楽しくする5か条

コンテナで野菜づくりをするのは、畑や庭でつくるのとは異なる悩みや問題があるもの。
これらを解決すれば、もっと野菜作りが楽しくなります。

1 作業台を設置する

しゃがんだ姿勢で、長時間作業をするのは大変です。狭いベランダですが、だからこそ、立って作業できる方がずっと楽に作業ができます。
スペースに余裕があれば、作業台とイスががあれば、さらに楽になります。

2 かごを常備しておく

ベランダや野菜を育てている場所に、かごやミニバケツ、ハサミを置いておくと気づいたときに枯れ葉取りや雑草取りができて便利。また、すぐに収穫することもできます。ちょっとしたひと手間を減らすことが、作業を後回しにしないコツです。

5 欲張らない

あれもこれもとつくりたくなりますが、あまりたくさんになると、手入れが大変ですし、日当たり、風通しが悪くなって、病気や害虫の被害を受けやすくなります。栽培に慣れるまでは、簡単なものから、少しずつふやすようにしましょう。

3 初心者はすぐに収穫できるものから

まずは、自分で育てた野菜のおいしさを早く味わいたいですよね。葉もの野菜やラディッシュといった野菜なら、タネまきから収穫までの期間が短く、また間引き菜も利用できるので、すぐに収穫の喜びを味わうことができます。
簡単な野菜を育てれば、自分にもできる、という自信にもつながります。

4 ホースを使う

コンテナの数が多くなってくると、水やりだけでも大変です。とくに夏の期間などは、ほぼ毎日水やりが欠かせません。
そこで、ベランダでもホースを使った水やりがおすすめ。ジョウロで往復する手間が減るので、負担がグッと軽減されます。

コンテナで育てる
野菜づくり

とても丈夫で次々と新芽を伸ばす
アシタバ
〈セリ科〉

かんたん！
★☆☆

次々と新芽を伸ばす丈夫な野菜です。一度植えつければ、長い期間収穫できるので、1鉢あると便利です。病害虫にも強いですが、アゲハの幼虫とアブラムシがつきやすいので注意。

適したコンテナ

大きさ	形
中	

栽培カレンダー（関東標準）　生育適温 15〜25℃

	1	2	3	4	5	6	7	8	9	10	11	12
作業						植えつけ						
収穫期	春から収穫できるのは翌年											

作り方 Point
＊市販の苗は、鉢上げして株を充実させる。
＊夏の直射日光は避ける。
＊キアゲハの幼虫による食害に注意する。

🌱 植えつけ
深植えにならないようにする

1 4号ポットに鉢上げして育苗した苗を、7〜8号鉢に植えつけます。鉢に培養土を入れます。

2 苗をポットから取り出します。根鉢が崩れないくらいに根が張っていますので、このくらいが植え替えのタイミングです。

Advice

アシタバの苗が小さい（2.5号ポット）場合、4号ポットに一度植え替え、鉢いっぱいに根が張るまで育ててから植えるとよいです。

3 用意した鉢の中央に置きます。成長にあわせて増し土をするので、ゆとりを持たせておきます。

4 培養土を足し入れます。

5 苗の表土と同じ高さまで土を入れたらならします。（表土が出るか出ないかくらいに）

6 十分に行き渡るよう水を与えます。

増し土　土が下がった分を足し入れる

1 植えつけ後、しばらく経つと、土の表面が下がってきます。

2 茎の分かれ目に土をかぶせないように土を足します。

3 土が入ったら、表面をならします。

追肥　定期的に液肥を施す

5～10月の成長期には、成長の様子を見ながら薄めの液体肥料を定期的に施します。また、増し土をした後は、土に肥料が含まれているので、1ヶ月間くらい追肥の必要はありません。冬は、肥料やりを中止します。

アシタバ

ここを土に埋めない

4 深く埋めないことが大切。とくに、新芽が出る部分を埋めないようにします。

収穫　照りのある葉を収穫する

新葉

1 新葉の育ったものから収穫します。新葉には照りがあります。

3 茎が枝分かれしている部分の少し下で切ります。

次の葉が準備されている

2 次の葉が出てくる部分を残すことが大切です。

4 新葉が硬くならないうちに収穫しましょう。

病気・害虫
キアゲハの幼虫に注意

キアゲハの幼虫が発生しやすいので、早期発見に努めます。また、風通しが悪い場所では、アブラムシが発生しやすくなります。アブラムシはモザイク病発生の原因となりますので、すぐに駆除します。

キアゲハの幼虫。セリ科の野菜に発生しやすい。

ほぼ一年中、花と実が楽しめる
イチゴ
〈バラ科〉

かんたん！
★☆☆

見た目のかわいらしさと、甘酸っぱい味で人気です。栽培方法も簡単で、地域によっては、品種を選んでいくつか揃えれば、ほぼ一年中収穫を楽しむことができます。

適したコンテナ

| 大きさ | 中 小 | 形 | □ □ □ |

栽培カレンダー（関東標準）　生育適温 18〜23℃

	1	2	3	4	5	6	7	8	9	10	11	12
作業										植えつけ		
収穫期												

作り方Point
* 花がついている方を外側に向けて植える。
* 深植えにしない。
* 風通しのよい場所で育てる。

🌱 植えつけ　花や実がある側をコンテナの外側に向けて植える

1 イチゴの苗。花と実がついている方向は同じなので、確認しておきましょう。

2 浅めのコンテナでも育ちます。コンテナの6分目まで培養土を入れます。

3 根元を指で挟むように持ち、苗を逆さにして、ポットから取り出します。

4 コンテナに置きます。実が外側に垂れるようにします。先に入れた土が足りないようなら、土を足します。

5 左右交互に、それぞれ花と実がある方が外側を向くように置きます。

6 根鉢の間に、培養土を入れます。葉、花、実を埋めないように、手でよけながら入れていきます。

7 培養土が苗の土の表面と同じ高さまで入ったら、ならして、根元を押さえ、落ち着かせます。

8 根元にある、王冠のような形でギザギザになっている部分がクラウンです。クラウンを土に埋めないようにすることが大切です。

9 植えつけが終わったら、鉢土全体に行き渡るように、まんべんなく、コンテナの底から水が流れ出るまで水を与えます。

イチゴ

✂ 摘果　形の悪い実などは取り、よい実を充実させる

1 形の悪い実は早めに取り、ほかの実に養分を回します。

2 果実の茎のつけ根から切り取ります。

実が大きくならない
果柄は細い
よい実になる
果柄は太い

実が大きくならない花　実が大きくなる花

実が大きくならない花も、果実の茎のつけ根から切り取ります。

追肥　定期的に施す

春と秋の成長期には、成長の様子を見ながら薄めの液体肥料を定期的に施します。薄める濃度や頻度は、パッケージの表記に従います。鉢土の表面に固形肥料を置き、1ヶ月ごとに取り替える方法でもよいでしょう。冬は、肥料やりを中止します。

 収穫　赤く熟したら

果実全体が赤色に熟したら、ハサミで切って収穫します。

⚠ 病気・害虫
灰色かび病は根元の風通しをよくして予防

	名称	症状／被害	対策
病気	うどんこ病	葉や茎の表面に白い粉をまぶしたようなカビが発生する。	風通しをよくする。食酢を散布する。
病気	灰色かび病	花や果実に灰色のフワフワとしたカビが発生する。	水はけのよい土で植え、風通しをよくして予防。発症した部分は薄めた食酢をかけて殺菌する。
害虫	アブラムシ	体長1mm程度の小さなムシが新芽や葉の裏などに群生して汁を吸う。	紙を広げた上に、筆などを使って払い落とす。

23

つるあり種なら夏の日よけにもなる
インゲンマメ
〈マメ科〉

かんたん！ ★☆☆

つるあり種とつるなし種があり、品種もさまざまあります。スペースがないなら、つるなし種がおすすめ。収穫も早いです。つるあり種なら、ベランダの日よけにもなります。

適したコンテナ

| 大きさ | 大 中 | 形 | |

栽培カレンダー（関東標準）　発芽適温 20～25℃

	1	2	3	4	5	6	7	8	9	10	11	12
作業				タネまき（両種とも）								
				植えつけ								
収穫期					つるなし				つるあり			

作り方 Point
* タネをまいたら、鳥よけをしておく。
* 本葉が出始めたころのアブラムシに注意。
* ハダニ対策に、予防として葉裏に水をかける。

 タネまき
1カ所に3粒ずつまく

育てるコンテナに直接タネをまく場合は、コンテナの6分目まで培養土を入れ、15～20cm間隔に、1カ所3粒ずつまきます。

育苗ポットにまく場合

育苗ポットで育てる場合は、2.5～3号ポットに培養土を入れ、3粒ずつまきます。

Advice

マメ類は、鳥の被害にあいやすいので、タネまき後、コンテナに網をかぶせるなどして、鳥よけをしておくとよいでしょう。

つるなし種

つるなし種は、深さ15cm以上のコンテナで育てることができます。大きめのコンテナの方がより多く収穫できます。

つるあり種

つるあり種は、支柱を立てることを考えて、30cm程度の深めのコンテナで育てます。支柱を立てずに、フェンスや別に設置するネットにつるを絡ませる場合は、15～20cmの深さがあればよいでしょう。

🌱 植えつけ　増し土をするので、植えつけ時は6分目くらいにする

1 ポットで育てた苗と市販苗は、本葉が4〜5枚ほどになったら、植えつけをします。

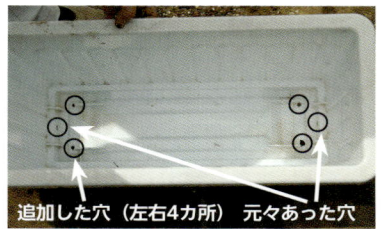

2 60cm幅のプランターを用意し、水はけがよくなるように、底に穴を開けておきます。

3 プランターの6分目まで培養土を入れます。苗をポットから取り出します。

4 株が3本のまま、プランターに置きます。もう1ポットも同様に置きます。

5 土を足し入れます。苗の土の表面に新しい土が少しかぶるくらいまで入れます。

6 鉢土全体に水が行き渡るように、まんべんなく、たっぷり水を与えます。

インゲンマメ

追肥・増し土
粒状肥料を小さじ1

植えつけから2〜3週間ほど経ったら、チッ素 - リン酸 - カリ＝5- 8- 5程度の肥料を小さじ1杯程度周囲にパラパラとまきます。その後、子葉の位置程度の高さまで土を足し入れます。

🔍 収穫　実が若いうちに採る

1 マメのでこぼこが目立たない若いうちに収穫します。

2 ハサミを使って、へたの上で切ります。

このようにマメが目立つようになると、皮が硬くなってしまいます。

⚠ 病気・害虫
アブラムシに注意

アブラムシがつきやすく、とくに葉が出始めた頃に多く発生するので、こまめに観察して、駆除します。真夏に乾燥するとハダニが発生するので、ときどき、予防として葉の裏に水をかけます。

マメの成長が待ち遠しい
エダマメ
〈マメ科〉

かんたん！
★☆☆

夏の味覚に欠かせないエダマメ。栽培も比較的簡単です。エダマメとダイズは同じ種類のマメですが、それぞれ収穫に適した品種があるので、選んで育てましょう。

適したコンテナ
大きさ 大 中　　形

栽培カレンダー（関東標準）　発芽適温 20〜30℃

	1	2	3	4	5	6	7	8	9	10	11	12
作業			タネまき		植えつけ							
収穫期												

作り方Point
＊開花期に乾燥させないように注意する。
＊肥料を施し過ぎないようにする。
＊タネから育てる場合、適温を守る。

Advice 収穫期頃にカメムシがつきやすく、被害を受けるとマメが育たなくなります。早期発見、駆除しましょう。

植えつけ
プランターの水はけをよくしておく

1 苗は、本葉が5枚程度のものを植えつけます。株が2〜3本あるものは、そのまま植えても構いません。

追加した穴（左右4カ所）　元々あった穴

2 60cm幅のプランターを用意します。プランターの鉢底穴が少ない場合は、穴を追加して開けておきます。

3 プランターの底網を元のようにセットします。この網があるので、鉢底石は不要。

4 培養土を入れます。後に増し土するので、植えつけ後に6分目の高さになるようにします。

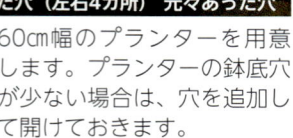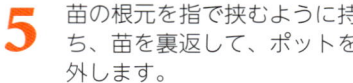

5 苗の根元を指で挟むように持ち、苗を裏返して、ポットを外します。

根鉢

6 株が2本ありますが、そのまま植えるので、根鉢を崩さないようにします。

7 土を入れたプランターに置きます。もう1ポットも同様にします。

8 培養土を入れ、苗の土の上に新しい土が少しかぶるくらいに植えつけます。

9 全体に、たっぷり水を与えます。鉢底から水が流れ出るまで与えます。

追肥・増し土　リン酸の割合が高い肥料をほんの少量施す

1 植えつけ後2〜3週間たったら追肥をします。

2 チッ素‐リン酸‐カリ＝5‐8‐5程度の肥料を小さじ1杯程度、株の周囲にパラパラとまきます。

3 指で示したあたりまで土を足し入れます。

4 培養土で増し土します。チッ素が多いとマメがならないので肥料は控えめに。

5 土を入れたら、平らにならします。

6 その後も、2週間ごとに成長の様子を見ながら、適宜増し土しましょう。

収穫
育ったものから

1 マメが育ってきたら、順次収穫。

2 収穫適期のマメ。

3 枝を手で押さえ、実をもぎ取ります。

4 実の大きさがそろっていたら、株ごと収穫してもよいでしょう。

エダマメ

夏の間、次々と収穫できる
エンサイ
〈ヒルガオ科〉（ヨウサイ、クウシンサイ）

かんたん！
★☆☆

茎の中が空洞なので「空芯菜（くうしんさい）」の名があります。中国南部や東南アジア原産で、夏の暑さに強く、長期間収穫が楽しめます。寒さに弱いので1年草扱いですが、現地では多年草です。

適したコンテナ

大きさ 中 小　　形

栽培カレンダー（関東標準）　発芽適温 20〜25℃

	1	2	3	4	5	6	7	8	9	10	11	12
作業									タネまき			
収穫期												

作り方Point
* 乾燥が苦手。マルチングをしたり、こまめに水を与え、乾燥させない。
* 収穫も兼ねて摘心して枝数をふやす。

タネまき
1カ所に5粒ずつ15cm間隔にまく

1 プランターの7分目まで土を入れ、ビンの底などで15cm間隔でまき穴をつけます。

2 1カ所に5粒ずつまきます。タネが重ならないようにします。

エンサイのタネ。アサガオの仲間なので、よく似ています。

4 周囲の土を寄せて、土をかぶせます。厚くなりすぎないようにします。

5 手のひらで押さえて、タネと土を密着させます。水を与え、発芽まで乾燥させないように管理します。

3 できるだけ等間隔にまくと、間引きの作業がしやすくなります。エンサイのタネは大きいので、まきやすいでしょう。

間引き　本葉2～3枚で2～3本にする

1 本葉が2～3枚になったら、生育のよい2～3本にします。

2 抜き取ると、元気のよい苗の根を傷めることがあるので、根元から切り取ります。

3 雑草が生えているようなら、取りましょう。

4 この後は、そのまま成長させます。

追肥　定期的に液肥を

成長させながら収穫して、長い期間栽培するので、薄めの液肥を定期的に施します。薄める濃度や頻度は、パッケージの表記に従います。一度に濃度が濃い肥料を与えると、根が傷むので、薄めにして、こまめにする方が効果的です。鉢土の表面に固形肥料を置き、1ヶ月ごとに取り替える方法でもよいでしょう。

エンサイ

収穫　2～3節残して茎ごと収穫

1 茎が15～20cmの長さになったら、摘心も兼ねて収穫します。

2 残した茎の葉のつけ根からわき芽が伸び側枝になります。側枝が15cmほど育ったら、側枝のつけ根から2～3節残して収穫します。

3 土が下がっているようなら、収穫後増し土しておきます。

このあたりから切る
ここからわき芽が伸びる
節

エンサイは、新芽を収穫します。茎を摘心することで、わき芽が伸び、枝数が増えるので、次々と収穫できるようになります。わき芽は節（葉のつけ根）から出るので、2～3節、葉を残して切るようにします。

⚠ 病気・害虫　あまり心配はないが、バッタとハダニに注意

	名称	症状／被害	対策
害虫	バッタ	葉を食害する。	草むらの近くにコンテナを置かない。

花もベランダや庭にあるとうれしい
エンドウマメ
〈マメ科〉

かんたん！
★☆☆

未熟なマメをサヤごと食べるサヤエンドウ、まるまる太った実を食べるグリーンピース、熟した実とサヤを一緒に食べるスナップエンドウなどがあります。花もきれいです。

適したコンテナ

大きさ 中 小　　形

栽培カレンダー（関東標準）　発芽適温 10〜20℃

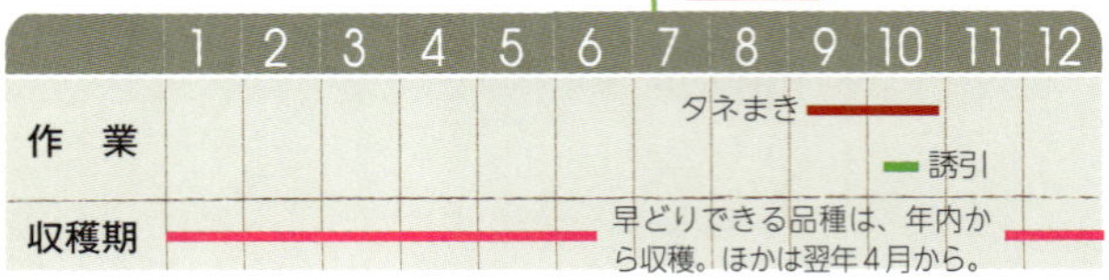

	1	2	3	4	5	6	7	8	9	10	11	12
作　業										タネまき／誘引		
収穫期	━━	━━	━━	━━	━━					早どりできる品種は、年内から収穫。ほかは翌年4月から。		━━

作り方Point
＊肥料、とくにチッ素は控えめにします。
＊ハモグリバエの被害に注意します。
＊寒冷地では、春まきにします。

タネまき
第一関節の深さに押し込む

第一関節の深さに押し込む

1 30cm幅で深さ20cm以上のプランターに培養土を入れます。エンドウマメのように粒が大きいタネをまくときは、土は乾燥していても大丈夫です。15〜20cm間隔に1粒ずつタネを置き、指の第一関節の深さに押し込みます。

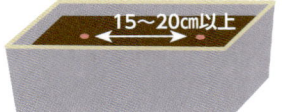
15〜20cm以上

2 手のひらで押さえて、タネと土を密着させます。

3 鉢土全体に行き渡るように、たっぷり水を与えます。まんべんなく、鉢底から水が流れ出るまで与えましょう。

エンドウマメのタネ。タネまき時期をよく確認してまきましょう。

エンドウマメの花

Advice

エンドウマメも、タネまき後から発芽してまだ根が張らない間は、鳥がマメを掘り返すなどの被害にあいやすいので、タネまき後、コンテナに網や寒冷紗をかぶせるなどして、鳥よけをしましょう。

✂ 誘引　つるが育ってきたら支柱を立て、ひもで囲む

Advice 支柱を木の枝などにし、麻ひもで囲むとナチュラルな雰囲気になります。ひもは、アブラムシなどを呼び寄せる黄色は避けましょう。

エンドウマメ

1 四隅と中央に6本の支柱を立てます。下から、コンテナの周囲を一巻き半できる長さに切ったひもを用意し、囲んでいきます。

2 支柱にひもを縛る方法は、ひもを支柱に回し、輪をつくります。つるをひもの内側に入れておきましょう。

3 輪の間にひもを通します。

4 ひもがたるまないように、引っ張ります。支柱もまっすぐになるようにします。

5 成長にあわせて、上の方にひもを追加します。

🧤 追肥・増し土
粒状肥料を小さじ1

植えつけから2～3週間ほど経ったら、チッ素 - リン酸 - カリ＝5-8-5程度の肥料を小さじ1杯程度周囲にパラパラとまきます。よく育っているようなら、肥料は必要ありません。肥料分が多いと、つるや葉ばかりが茂って実がならないので、控えめにします。鉢土の表面が下がって、根が出ているようなら、増し土します。

🖐 収穫　食べ頃になったものからとる

1 サヤエンドウはマメが未熟で、サヤがやわらかいうちに収穫します。

2 ハサミで、サヤのへたの上で切ります。グリンピースはマメが太りサヤにシワができはじめたら収穫します。

収穫したサヤエンドウ。

⚠ 病気・害虫
ハモグリバエが発生しやすい

葉の中に潜り込んで葉の中を食害するハモグリバエの幼虫が発生しやすいので、葉に白い線のようなものがあったら、要注意。葉ごととるか、葉の上からつぶします。

花も食べられる新顔野菜
オータムポエム
〈アブラナ科〉

かんたん！
★☆☆

コウサイタイとサイシンから生まれた野菜です。茎ごと食べます。茎の食感がアスパラガスに似ていることから「アスパラ菜」とも呼ばれています。

適したコンテナ

大きさ	中 小	形	

栽培カレンダー（関東標準）　発芽適温 20～25℃

	1	2	3	4	5	6	7	8	9	10	11	12
作業								タネまき				
収穫期												

作り方Point
* 点まきして間引く。
* 適宜増し土して育てる。
* 寒冷地では夏まきして秋に収穫する。

オータムポエムのタネ。アブラナ科の野菜は、多くは見分けがつかないので、混ぜないようにしましょう。

 タネまき
1カ所5粒ずつ点まきする

1 プランターの7～8分目まで土を入れ、まき穴をつけます。

2 10～15cm間隔に、まき穴をつけます。

3 まき穴1カ所に5粒ずつまきます。

4 タネが重ならないようできるだけ等間隔にまきます。

5 周囲の土を寄せて、土をかぶせます。厚くかぶせると、発芽しくくなります。

6 手のひらで上から押さえて、タネと土を密着させます。

7 タネをまいた部分を押さえ、全体も軽く押さえてなじませます。

8 全体にまんべんなく、鉢底から水が流れ出るまで水を与えます。

間引き1
3本にする

1 発芽が揃ったら、他より細いものや形の悪いものを根元から切ります。

2 1カ所3本にします。

間引き2
生育のよい1本を残す

1 本葉が4～5枚になったら、2回目の間引きをします。

2 生育のよいものを残し、他を根元からハサミで切ります。

3 間引いた株は、スープの具などに利用しましょう。

4 元気のよい1本にします。

オータムポエム

増し土・追肥　胚軸が土に埋まるように

1 胚軸部分が、土から出てきています。

2 培養土を足し入れます。培養土に肥料が入っているので、追肥にもなります。

3 新芽が伸びる部分を土に埋めないようにします。

4 この後も様子を見て、適宜増し土しましょう。

収穫
15cmほど折り取る

1 草丈が30cmくらいの高さに育ったら、収穫します。

2 茎を15cmほど折り取ります。花も食べることができます。

オカノリ

真夏でも育つ健康野菜として注目

〈アオイ科〉

かんたん！
★☆☆

若い葉と茎を収穫し、お浸しや天ぷらなどに利用します。葉にはぬめりがあり、煮ると海苔の佃煮のようになります。収穫期間が長いのもうれしいところです。

適したコンテナ

| 大きさ | 中 小 | 形 | |

栽培カレンダー（関東標準）　発芽適温 15～25℃

	1	2	3	4	5	6	7	8	9	10	11	12
作業				━━━━━━━━━━ タネまき								
収穫期					━━━━━━━━━━━━							

作り方Point
* 明るい日陰（P193参照）でも栽培できる。
* タネはやや多めにまき、間引いて育てる。
* 葉が硬くなる前に収穫する。

🌱 タネまき
重ならないように密にまく

オカノリのタネ。市場に出回るのは少なめなので、通販などで早めに購入するとよいでしょう。

1 45～60cmのプランターが扱いやすいでしょう。培養土を8分目まで入れます。

2 板などを使い、まき溝を1本つけます。

3 5mmほどの深さにします。（5mmほどへこませる）

4 まき溝にタネをまきます。指先でつまみ、指先をねじるように動かして、1粒ずつ落としていきます。

5 タネとタネの間隔は、狭めに、やや密にまきます。まき溝の端から端までできるだけ均一にしましょう。

6 タネが重なり合うと、発芽後の日当たりと風通しが悪く、間引きにくくなるので、重ならないようにします。（タネを重ねない）

7 溝の左右の土を、タネの上にかぶせます。厚くならないようにします。

8 手のひらで平らに押さえ、タネと土を密着させます。

9 シャワー状に、たっぷり水を与えます。

一カ所にとどまらないように、左右に振る

オカノリ

🌱 間引き　隣の株と葉が重なり合わないように、成長にあわせて順次間引く

1 隣の株と葉が重なり合うようになったら、順次間引きます。発芽が揃わないので、生育状況がまちまちです。

2 ほかの株に比べて生育が悪いもの、茎が細い、葉が変形しているものから抜き取ります。残す株を一緒に抜かないように、反対の手で軽く押さえます。

3 隣の株と葉が重なりあわないことを目安にします。生育の様子を見て、順次間引き、株間10㎝くらいにします。

残す株を軽く押さえる
そっと引き抜く
隣の株と近く、弱々しい株を間引く

🌱 収穫　どの株からもまんべんなく、若い葉を収穫する

1 草丈が15〜20㎝になったら、収穫します。

2 若い葉を、茎のつけ根から切り取ります。収穫後、薄めの液肥を施し、次の成長を促します。

3 必要量ずつ収穫します。どの株からもまんべんなく収穫して、バランスよくしましょう。

海草のヒジキに似た姿がユニーク
オカヒジキ

〈アカザ科〉

ふつう ★★☆

自生地では、海岸の砂地に育つ1年草で、枝分かれしながら這って育ちます。枝分かれした姿がユニークで、夏には涼しげな雰囲気にしてくれます。

適したコンテナ

大きさ	中 小	形	

栽培カレンダー（関東標準）

発芽適温 20～25℃

	1	2	3	4	5	6	7	8	9	10	11	12
作業					タネまき							
収穫期												

作り方Point
* タネを一晩水につけてからまく。
* タネが細かいので、バーミキュライトと混ぜてまく。

タネまき
発芽しにくいので、前日一晩水につけ、バーミキュライトに混ぜてまく

1 皮が硬く、発芽しにくいので、一晩水につけておきます。

2 タネの水は切っておきます。バーミキュライトを用意します。

3 タネの容器にバーミキュライトを入れます。

4 タネとバーミキュライトを混ぜます。

5 プランターに培養土を7分目くらいまで入れて平らにならし、中央に1本まき溝をつけます。

6 1cmくらいの深さに溝をつくります。

7 タネとバーミキュライトを混ぜたものを、まき溝に入れていきます。

8 できるだけ均一の厚さに入れましょう。

9 溝の左右の土を軽くかぶせていきます。

10 手のひらで押さえ、なじませます。

11 シャワー状に水を与えます。

オカヒジキ

増し土　胚軸の部分を土に埋めるように、培養土を足し入れる

1 発芽してきました。一カ所で2本以上生えている場合は、一方を間引きします。

2 胚軸（子葉の下、根までの部分）が長く伸びているので、この部分を埋めるように増し土します。

胚軸

3 成長点（茎が分かれている部分）を土に埋めないように、土を足します。細かい作業なので手で少しずつ入れます。

4 全体に均一に培養土を入れます。この後、成長の様子を見て、生育が悪いようなら、追肥、増し土をします。

収穫　節の上で切り、新芽を伸ばすようにする

1 草丈が20cm以上になったら、収穫できます。

2 茎の先端を10〜15cmくらい、節の上で切ります。わきから新芽が伸びて、次の収穫ができます。

節
新芽が伸びる

3 どの株からもそれぞれまんべんなく収穫しましょう。収穫後、薄めの液肥を施しておきます。

ベランダに彩りを添える夏野菜

オクラ
〈アオイ科〉

ふつう ★★☆

芙蓉の花に似た美しい花は観賞にも向き、ベランダで育てて うれしい野菜のひとつです。近頃では、琉球オクラや赤色の 品種などもあり、さらに楽しみが広がっています。

適したコンテナ

大きさ 大 中　形

栽培カレンダー（関東標準） 生育適温 25〜30℃

	1	2	3	4	5	6	7	8	9	10	11	12
作業					植えつけ							
収穫期												

作り方Point
＊十分に暖かくなってから育てる。
＊大きめのコンテナを使う。
＊乾燥させないようにする。

植えつけ
気温が暖かくなってから、1鉢1株に植えつける

1 本葉4〜5枚が植えつけの適期です。8号の鉢に1株が適当です。

2 鉢の5〜6分目まで培養土を入れます。苗をポットから取り出します。

3 2株あるので、1株ずつに分けます。根鉢に親指を入れ、2つに分けます。

4 できるだけ土を落とさずに、根を傷めないようにそっと分けましょう。

5 1株ずつ、用意した鉢に植えつけます。鉢の中央に株を置きます。

6 根元近くを手で押さえて株を起こしながら、培養土を足し入れます。
（苗を起こす）

7 子葉の下まで培養土を入れ、土を平らにならします。

※成長に合わせて増し土していくので、スペースを大きくあけておく
子葉

8 鉢底から流れ出るまで、全体にまんべんなく、たっぷり水を与えます。

HELP!

＊頂上に花が咲いた

茎の頂上に花がついた場合、その株は栄養不足です。その花は取り除き、肥料を施します。鉢が小さいことが原因のこともあるので、その場合は、根鉢を崩さず、大きめの鉢に植え替えましょう。

オクラ

わき芽取り
早めに取り除く

わき芽

1 わき芽は、早めに取り、株を充実させるようにしましょう。

2 つけ根からハサミで切り取ります。

3 鉢で育てる場合、養分の吸収も限られています。わき芽を育ててしまうと、その分養分が奪われてしまうので、とくに成長途中では、わき芽を早めに取ることが大切です。

増し土　成長に合わせて随時、土を足す

このあたりまで土を足す

1 根が鉢いっぱいに育ったら、新しく根が育つスペースをつくるため、増し土します。

2 培養土を足し入れます。培養土に肥料が混ぜてあるので、追肥の役割もします。

3 コンテナの7分目くらいの高さまで培養土を入れます。

4 増し土の完成。その後、成長や実のなりが悪くなったら、増し土しながら育てます。

収穫
長さ6〜7cmで収穫

1 サヤの長さが6〜7cmになったら収穫します。

2 ハサミで実のつけ根から切りましょう。

39

鉢栽培にはコカブがおすすめ！
カブ
〈アブラナ科〉

かんたん！
★☆☆

コロンとした形も楽しいカブは、比較的短期間で収穫でき、スペースもとらないので、初心者にもおすすめ野菜のひとつ。本来冷涼な気候を好むので、暑さには注意しましょう。

適したコンテナ

大きさ 中 小　形

栽培カレンダー（関東標準）　発芽適温 15〜20℃

	1	2	3	4	5	6	7	8	9	10	11	12
作業			タネまき					タネまき				
収穫期												

作り方Point
* 発芽率はよいので、タネは2〜3cm間隔でまく。
* 肥料入り培養土で育てれば追肥も不要。

タネまき
2〜3cm間隔にすじまきする

カブのタネ。タネまき時期が適しており、新しいタネなら発芽率がよい。

指先をひねるようにしてタネをまく

1 プランターは30cmほどで育てられます。培養土を入れ、中央にまき溝をつくり、タネをまきます。

2 2〜3cm間隔を目安にまきます。

3 この間隔にまいておくと、間引きの作業をせずに収穫まで育てることができます。

4 溝の周囲の土を寄せ、土をかぶせます。

5 軽く押さえてタネと土を密着させます。シャワー状の水をたっぷり与えておきます。

収穫　カブの直径が4〜5cmになった株から収穫する

1 プランターいっぱいに育ちました。

2 コカブは、直径が4〜5cmになったら収穫できます。

3 コンテナが持ち上がらないように、根元近くの土を押さえて、引き抜きます。

（カブを持って引き抜く／根元を押さえる）

4 収穫が遅れると割れたり、「す」が入るので、適期を逃さないようにしましょう。

5 大きくなったカブから収穫します。まだ小さいものは、適した大きさに育つまで残しておいてもよいでしょう。

⚠ 病気・害虫
清潔な土を用いて、極端に乾燥させないようにすればあまり心配ない

	名称	症状／被害	対策
病気	根こぶ病	根にコブができ、養分を取られて生育が悪くなる。	新しい培養土か、殺菌した清潔な土を用いる。
	黒腐病	葉が黄色に変色して、次第に黒がかり、やがて葉が落ちる。	清潔な培養土で植えつける。発症したコンテナは処分する。
害虫	アブラムシ	体長1mm程度の小さなムシが新芽や葉の裏などに群生して汁を吸う。	紙を広げた上に、筆などを使って払い落とす。
	アオムシ	モンシロチョウの幼虫が、葉を食害して穴をあける。	モンシロチョウが飛んでいたら、葉の裏を見て、卵がないか確認し、卵を発見したらつぶす。幼虫を見つけ次第、捕って処分する。
	シンクイムシ	小さなムシが株の中心部分を食害する。	こまめに観察して予防する。見つけたら捕って処分する。
	ヨトウムシ	夜間に活動して、葉を食い荒らす。	被害を見つけたら、周囲や鉢の裏を確認して、見つけ次第処分する。

カブ

41

ミニカボチャも品種豊富で楽しい
カボチャ
〈ウリ科〉

ふつう ★★☆

肥料分が少なくてもよく育ちます。コンテナでの栽培は、手のひらに乗るミニサイズが適しています。コンテナで育てると、実が地面につかないので、全面きれいな緑色になります。

適したコンテナ

大きさ **大**　　形

栽培カレンダー（関東標準）　発芽適温 25～30℃

	1	2	3	4	5	6	7	8	9	10	11	12
作業				タネまき								
					植えつけ							
収穫期												

作り方Point
* 1コンテナ1株、たっぷりの土で育てる。
* 増し土しないので多めの土で植えつける。
* 鉢土をカラカラに乾燥させない。

Advice タネから育てる場合は、3号ポットに指の第一関節の深さに押し込みます。温室などで気温を保ちます。

植えつけ　苗を深く埋めないようにする

支柱の立て方は188ページ参照

1 本葉4～5枚が植えつけの適期です。

2 10号（口径30cm）で深めの鉢を用意し、支柱を立てて、培養土を入れます。
（土は7分目まで入れる／支柱はコンテナにしっかりと固定する）

3 苗の根元を指で挟むように持ち、苗を裏返して、ポットを外します。

4 根鉢を崩さないように、鉢の中央に置きます。

5 ウリ科の野菜は、浅めに植えます。鉢土の表面が、植えつけ後に鉢の8分目になるようにします。

6 培養土を入れて、植えつけます。

7 苗の土の表面と同じ高さまで土を入れたら、平らにならします。

根元を深く埋めない

8 根が張るまで、仮支柱を立てておきます。ひもはゆるめに縛りましょう。

9 鉢底から水が流れ出るまで、たっぷり水を与えます。

✂ 誘引　つるが伸びてきたら支柱の外側に回し、ひもで固定する

葉のつけ根の下にひもを引っかけるようにつるを持ち上げる

支柱の外側につるを回す

水平にするとよい

ここで一度縛って、ひもを支柱に固定

余裕を持たせて縛る

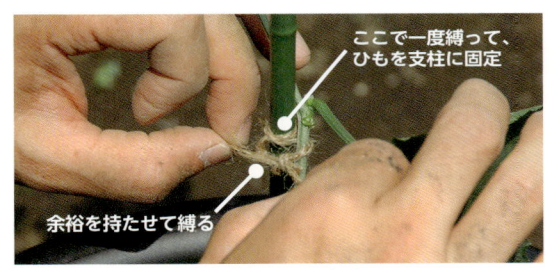

つるを支柱に縛るとき、ひもがずれないように、支柱にしっかりと縛り付けてから、つるの周囲に余裕を持たせて縛ります。

🫙 肥料
最初の実がついたら

つるの成長にあわせて、伸びたつるを誘引します。つるは、支柱の外側を回し、できるだけ水平に近くするとよいでしょう。

最初の実がついたら、肥料を施します。液肥なら2週間に1回、粒状肥料ならひとつまみを株の周囲にまきます。ウリ類は増し土をしません。

カボチャ

43

収穫
それ以上大きく育たないようになった実から収穫

1 収穫間近のミニカボチャ。地面に接しないので、全体がきれいな緑色になります。

2 実のすぐ上の茎が茶色になったら収穫の適期ですが、鉢で育てる場合、そこまでならないこともあります。しばらく様子を見て、それ以上育たないようなら、収穫します。

3 かわいいカボチャが収穫できました。収穫後は少量追肥して、株の充実をはかります。

畑で育てる場合も、支柱を立てて誘引すると、実が傷む心配がありません。

病気・害虫
ハモグリバエの被害が発生しやすい

	名称	症状／被害	対策
病気	モザイク病	葉にモザイク模様ができたり、株全体が萎縮したようになる。ウイルスが原因。	ウイルスを媒介するアブラムシなどを防除する。発病した鉢は処分する。
病気	うどんこ病	葉や茎の表面に白い粉をまぶしたようなカビが発生し、株が弱る。	チッ素肥料を控えめにし、日当たり、風通しをよくする。極端な乾湿を繰り返して、株を弱らせないようにする。
害虫	アブラムシ	体長1mm程度の小さなムシが新芽や葉の裏などに群生して汁を吸う。	紙を広げた上に、筆などを使って払い落とす。
害虫	ウリハムシ	黄色の甲虫。成虫は葉を、幼虫は土の中で根を食害する。	見つけ次第捕殺する。苗の期間は、寒冷紗をかけるなどして予防する。
害虫	ハダニ	葉裏などに群生するごく小さなムシ。植物の汁を吸い、被害を受けた葉はかすれたようになる。	ときどき、葉の裏側を洗うようにして予防する。極端に乾燥させないようにする。
害虫	ハモグリバエ	葉の中に幼虫が入り込み、葉の中を食害。被害を受けた葉には、食害あとの白い線がつく。	被害を受けた葉ごと処分するか、葉の中の幼虫やさなぎを葉の上から潰す。

HELP!

＊実がならない！

実がならない原因は、
- 肥料（チッ素）が多い。
- 受粉されていない。
- 日当たりが不十分。

などが考えられます。日当たりのよい場所で育て、花が咲いたら、雄花を雌花にくっつけて、人工授粉させましょう。

ウリハムシの被害

半日程度の日当たりがあれば大丈夫！
カラント
〈ユキノシタ科〉

かんたん！
★☆☆

熟すと黒色の実がなるクロフサスグリ（カシス）、ルビーのような赤色の実がなるアカフサスグリ、などがあります。冷涼な気候を好むので、夏のベランダは要注意。

適したコンテナ
大きさ：大・中　　形：（箱型・鉢型・鉢型）

栽培カレンダー（関東標準）
生育適温 10〜15℃

	1	2	3	4	5	6	7	8	9	10	11	12
作業			植えつけ・植え替え							植えつけ		
			せん定									
収穫期	樹木なので、春か秋に植えつければ、同じ株で毎年収穫を楽しむことができる											

作り方Point
* 水はけがよい土で植え、土が乾ききる前に水を与える。
* 夏の高温多湿の環境が苦手。涼しく。

植えつけ
水はけ、水もちのよい土に植える

培養土に、ピートモスを混ぜた土を用意します。元肥として、肥料を混ぜておくか、肥料入り市販培養土を使います。苗よりも1〜2まわり大きめのコンテナを用意します。いきなり大きな鉢に植えず、成長に合わせて植え替えていくと、よりよく育ちます。6〜7分目まで土を入れ、苗をポットから取り出して、根を崩さずに植えつけます。苗の土の表面に薄く土がかぶるまで土を入れたら、軽く根元を押さえて、落ち着かせます。鉢底から水が流れ出るまでたっぷり水を与えます。鉢土の表面をピートモスや水ゴケで覆って保湿します。

肥料
秋にコンテナの縁近くに埋め込む

春に植えつけたものと、2年目以降は、10月頃にコンテナの縁近くの土を掘って、肥料を埋めます。肥料は有機配合肥料などがよいでしょう。

収穫
夏に熟したものから房ごと取る

果実が熟した房ごとに、房の茎を切って収穫します。

せん定
実をつけた枝はつけ根から切る

冬の休眠期にせん定します。実をつけた枝は、元から切ります。まだ、勢いがよく、その年伸びた新しい枝が多くあるようなら、そのまま残します。枯れた枝、込み合う部分は、枝を抜き取るように取り除きましょう。

植え替え
1〜2まわり大きな鉢に替える

春になって、新芽が伸びる頃になったら、植え替えをします。毎年植え替えをしないと、根詰まりして株が弱ってしまいます。とくに苗が小さいうちは、毎年1〜2まわり大きな鉢へと植え替えます。方法は、植えつけと同様です。大きく育ったら、植え替え時に、根鉢の下3分の1程度と表面近くの根が張っていない部分の土を落として、傷んだ根をつけ根から切り、整理してから植え直します。新しい根はできるだけ傷めないようにしましょう。

⚠ 病気・害虫
高温多湿で弱るときに要注意

夏にうどんこ病とハダニが発生しやすくなります。

できるだけ葉を大きく育てることがポイント

カリフラワー

〈アブラナ科〉

ふつう ★★☆

ブロッコリーの仲間です。花蕾を収穫して食べます。花蕾は白色が基本ですが、黄緑色、オレンジ色、紫色など、大変カラフルになってきていますから、異なる色をいくつか育てると、栽培中の彩りも楽しめます。

適したコンテナ

大きさ	大 中	形	□ ◡ ⌴

栽培カレンダー（関東標準）　発芽適温 15〜20℃

	1	2	3	4	5	6	7	8	9	10	11	12
作業								タネまき	植えつけ			
収穫期												

作り方Point
* 1コンテナ1株、たっぷりの土で育てる。
* 水やりは根元からまんべんなく与える。
* 成長点を害虫に食べられないようにする。

タネまき
3号ポットに5粒ずつ等間隔にまく

1 育苗ポットにタネまき用の土を入れ、平らにならして、中央にまき穴をつくります。

2 5粒ずつまきます。タネが重ならないように、できるだけ等間隔にまきます。（←まく位置）

3 周囲の土を寄せて、土をかぶせます。あまり厚くかぶせてしまうと、発芽しにくくなるので注意します。

4 手のひらで上から押さえて、タネと土を密着させます。水を与え、発芽まで乾燥させないように管理します。

カリフラワーのタネ。アブラナ科のタネは、どれもよく似ているので、混ぜないようにしましょう。

間引き
元気がよい1本を残す

発芽したら、本葉が出始めた頃に5本から3本に、本葉が3〜4枚になったら1本にします。根元からハサミで切ります。（←本葉）

植えつけ　増し土をするので、植えつけ時は土をやや少なめにしておく

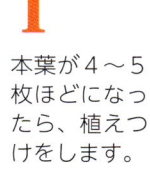

1 本葉が4〜5枚ほどになったら、植えつけをします。

2 コンテナの6〜7分目まで培養土を入れます。中央に、植え穴を作ります。

3 根元を指で挟むように持ち、苗を裏返してポットから取り出します。

4 植え穴に入れます。根鉢は崩さないようにします。

5 子葉の下まで土に埋まるように植えつけます。（ここまで埋める）

6 根元の土を押さえて落ち着かせ、たっぷりと水を与えます。（増し土分のスペースをあけておく）

追肥
定期的に液肥を施す

1 植えつけから2週間ほど経ったら、液肥を施します。薄める濃度や頻度は、パッケージの表記に従います。

2 じょうろのハス口を外して、葉にかからないように手の平で調整しながら施しましょう。

増し土　胚軸を土に埋めるようにする

1 胚軸（子葉の下、根までの部分）が、土から出てきています。

2 培養土を足し入れます。成長点に土をかけないように。

3 この高さまで土を入れます。土を平らにならします。

4 成長の様子を見て、適宜増し土しましょう。

カリフラワー

収穫
花蕾の直径が10cmくらいになったら、花蕾下の茎から切り取って収穫する

1 花蕾が直径10cmくらいまで育ったら、収穫します。

2 花蕾の下の茎の部分から、ハサミを使って切り取ります。

3 切り取りました。もし、ハサミで切れない場合は、包丁を使いましょう。

4 中央が盛り上がっているのが、収穫適期のサイン。収穫後は、早めに利用しましょう。

⚠ 病気・害虫
雨が当たらない場所に移動して病気の発生を予防

	名称	症状／被害	対策
病気	べと病	葉の表面に白色から淡黄色の病斑があらわれ、しだいに大きくなり褐色になる。葉裏にはカビが発生し、やがて枯死する。	水はけのよい土で植えつける。雨が当たる場所を避ける。チッ素過多にしない。
病気	黒腐病	葉が黄色に変色して、次第に黒がかり、やがて葉が落ちる。	清潔な培養土で植えつける。発症したコンテナは処分する。
害虫	アブラムシ	体長1mm程度の小さなムシが新芽や葉の裏などに群生して汁を吸う。	紙を広げた上に、筆などを使って払い落とす。
害虫	アオムシ	モンシロチョウの幼虫が、葉を食害して穴をあける。	モンシロチョウが飛んでいたら、葉の裏を見て、卵がないか確認し、卵を見つけたらつぶす。幼虫を見つけ次第、捕って処分する。
害虫	シンクイムシ	小さなイモムシが葉の芯や株の中心部分を食害する。	こまめに観察して予防する。発見したら捕って処分する。
害虫	ヨトウムシ	夜間に活動して、葉を食い荒らす。	被害を見つけたら、周囲や鉢の裏を確認して、見つけ次第処分する。

✋ HELP!

芯が食べられた！

カリフラワーの場合、成長点である芯を食べられてしまうと、花蕾を収穫することができません。被害を受けた株はあきらめるしかありません。そうならないように注意しましょう。

なかなか蕾がつかない

いくつかの原因が考えられます。日照が十分でない、肥料分が多すぎる、気温が高すぎる、葉が成長していない、など。思い当たる点を探してみましょう。

十分に根を張るスペースと日当たりを確保

キャベツ

〈アブラナ科〉

むずかしい ★★★

品種がとても多いので、春、夏、秋にタネまきができ、ほぼ1年中収穫できる優秀野菜。アブラムシとアオムシの発生に注意して育てましょう。

適したコンテナ

大きさ **大** **中**　形

栽培カレンダー（関東標準）　発芽適温 15～30℃

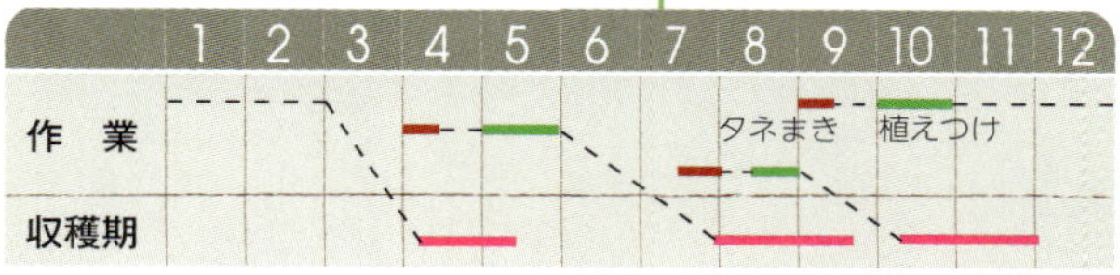

	1	2	3	4	5	6	7	8	9	10	11	12
作業				タネまき				タネまき	植えつけ			
収穫期												

作り方Point

* 1コンテナ1株でたっぷりの土で育てる。
* アブラムシの発生に注意する。
* 日照不足にならないようにする。

タネまき
まき穴に5粒点まきする

キャベツのタネ。写真のタネに色がついているのは、殺菌処理済みのタネの誤食を防ぐためです。

1 育苗ポットにタネまき用の土を入れ、平らにならして、中央にまき穴をつくります。

2 まき穴に、タネをまきます。

3 タネが重ならないようにしましょう。

4 まき穴の周囲の土を寄せるようにして、タネの上に土をかぶせます。

5 手のひらで上から押さえて、タネと土を密着させます。タネが流れないようにやさしく水を与えます。発芽まで乾燥させないように管理します。

間引き
成長に合わせてよい株1本に

発芽したら、本葉が出始めた頃に5本から3本に、本葉が3～4枚になったら1本にします。形が悪い株、他に比べて細い株などから間引きます。残す株の根を傷めないように、根元からハサミで切ります。

キャベツ

49

植えつけ　増し土をするので、植えつけ時は土をやや少なめにしておく

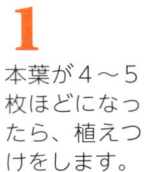

1 本葉が4〜5枚ほどになったら、植えつけをします。

2 コンテナの6〜7分目まで培養土を入れます。中央に、植え穴を作ります。

（6〜7分目まで土を入れる）

3 苗の根鉢の大きさに植え穴を掘ります。

4 苗を指の間に挟むように持ち、手のひらで支えるようにします。

5 苗を裏返して、ポットを外します。

6 土が崩れない程度に根が張っています。植えつけ適期の状態です。（根鉢）

7 根鉢を崩さずに植え穴に入れ、掘り上げた土を戻して、植えつけます。

8 株の周囲を軽く押さえて、落ち着かせます。

9 植えつけの完成。シャワー状の水でたっぷり与えます。

HELP!

＊結球しない！

コンテナで育てて結球しないのは、コンテナが小さすぎて、育つことができないことがいちばんの原因です。他には、日照不足と肥料の過不足が考えられます。

幅30cm、深さ15cm未満のプランター。これ以上育つことができません。この後は諦めるしかありません。

下葉が落ちています。根が育たないので、地上部とのバランスが取れずに、葉を落としてしまうのです。

根が土の中でいっぱいになってしまい、地表面に出てきています。

追肥　定期的に液肥を施す

1 植えつけから2週間ほど経ったころから、定期的に液肥を施します。薄める濃度や頻度は、パッケージの表記に従います。

2 ジョウロのハス口を外して、葉にかからないように手の平で調整しながら施します。増し土に肥料入りの土を使ったら、その次は液肥を休みます。

増し土　子葉の下まで培養土を足す

1 育てていると、土が下がったり、成長に伴い、胚軸（子葉の下、根までの部分）が出てきます。

2 胚軸が埋まるように、培養土を足し入れます。

胚軸

3 土の表面をならしておきます。成長の様子をみて、適宜増し土します。

この品種は、やや縦長に結球する品種です。

キャベツ

収穫　結球が固く締まってきたら

1 結球が固くなってきたら、収穫です。

2 外葉を倒し込み、結球の根元に包丁を入れます。

3 けがをしないように注意しながら切り取りましょう。

⚠ 病気・害虫　アブラムシとアオムシに注意

アブラナ科の野菜は、害虫がつきやすくなります。風通しが悪い場所にアブラムシが発生しますので、ときどきコンテナの向きを変えるとよいでしょう。発生しやすい病害虫は、カリフラワー（P48）を参照して下さい。

収穫したキャベツを畑で育てた同品種と比べてみました。根が育つスペースが限られるので、コンテナで育てると、どうしても小さくなります。でも、かわいいですよね！

51

収穫したてのおいしさを知ったらやみつき!

キュウリ

〈ウリ科〉

ふつう ★★☆

世界中で栽培されています。品種も豊富にあります。ニガウリとともに、夏の日差しを遮るグリーンカーテンとしての役割も注目されています。

適したコンテナ

大きさ 大 中　　形

栽培カレンダー（関東標準）　生育適温 20〜30℃

	1	2	3	4	5	6	7	8	9	10	11	12
作業						植えつけ						
収穫期												

作り方Point
* 苗は浅めに植えつける。
* 乾燥しないようにこまめに水やりする。
* うどんこ病が発生しやすいので注意。

植えつけ
十分に暖かくなってから、根元近くの茎を深く埋めないように植えつける

1 本葉が4〜5枚になったら、植えつけます。苗は早くから出回りますが、関東地方は、5月になってからが適期です。

2 10号鉢を用意し、支柱を立てます。支柱は鉢に固定し、さらに、横に支柱を渡してビニールタイやひもで固定します。
（7分目まで土を入れる）

3 根元を指で挟むように持ち、苗を裏返すようにして、ポットを外します。

4 根と土がかたまりになっている状態のものを根鉢といいます。根鉢を崩さないように植えます。
（根鉢）

5 用意した鉢の中央に苗を置きます。

6 培養土を足し入れて、植えつけます。

7 根鉢の表面の高さまで土を入れたら、土を平らにならして、根元を押さえます。

8 仮支柱を立てます。根を傷めないように、斜めに挿します。

9 風で苗があおられないように、仮支柱に茎をゆるく結びます。

10 鉢底から水が流れ出るまで、たっぷり水を与えます。

11 大きめの鉢に植え、あまり増し土をしないので、最初から土の量を多めに、浅植えにします。

茎を土に埋めない

キュウリ

✂ 誘引 　雌花の下にひもを通して、大きくなる実を支える

1 つるが伸びてきたら、つるを支柱に誘引します。

2 支柱の内側は通さずに、外側につるを回します。

外側に回す

3 雌花のつけ根の下にひもを通します。位置が決まったら、まず支柱にひもを縛ります。

雌花
ここにひもを通して、つるを吊り上げる

4 雌花の実が大きくなるので、雌花の下にひもを通し、吊り上げるようにします。

5 つるを傷めないように、つるの周囲には余裕を持たせて縛ります。

6 つるの先端が下がらないように、誘引して軽く留めます。

53

子づる取り　子づるは1節目だけ残して、摘み取る

1 親づるの葉のつけ根から、子づるが伸びます。コンテナで育てる場合は、子づるの1節目になる実だけをならせ、その先は摘み取るようにします。コンテナという限られた土の量で育てるため、できるだけ余分な枝葉を茂らせないようにします。

2 子づるは、1節目を残し、先端を摘み取ります。

3 子づるの茎を軽く持って支え、先端を手で摘み取ります。

4 まだあまり成長していない子づるも同様にします。

5 1節目を残して、先端を摘み取ります。

肥料　小さじ1杯程度をぱらぱらまく

植えつけ後2週間程度から月1回追肥をします。1回に施す量は少なめに、小さじ1杯程度の有機配合肥料を鉢の縁近くにパラパラとまきます。1カ所に固まらないようにします。その後、増し土が必要なようなら増し土し、必要なければ、軽く表面を耕します。

HELP!

＊実が曲がる！

実が曲がってしまうのは、以下が原因で、成長に障害が出たためと考えられます。
- 実が大きくなろうとする時期に水や肥料が不足した。
- 障害物に当たっていた。
- 日照と風通しの不足。

とくに水分不足でなりやすいので、鉢土を覆うなどして、保湿し、水やりを忘れないようにしましょう。

Advice

キュウリやカボチャ、スイカなど、ウリ科の野菜は、根を浅く、地表近くに広く伸ばす性質があります。それは、根が土の中の酸素を多く必要とするからです。水不足にも弱いですが、水はけと通気性のよい土であることも大切です。また、深く植えてしまうと、根の酸素が不足して根腐れしやすくなります。

増し土
根が地表に出ていたら、隠れる程度に土を足す。厚くしないこと

1 深植えはダメですが、根が地表に出てしまうのもよくありません。

2 根が隠れる程度に、新しい培養土を入れます。

3 培養土を入れたら、平らにならします。くれぐれも厚くならないようにします。

収穫
片手を広げたくらいの大きさに育ったら、早めに収穫する

1 実が20cmの長さに育ったら、収穫します。だいたい片手を広げた長さくらいです。

2 ハサミで切り取ります。成長が早いので、収穫が1日でも遅れると、その分、株に負担がかかります。できるだけ、早め早めに収穫することが、長く収穫を楽しむためのコツです。

キュウリ

⚠ 病気・害虫
うどんこ病が発症しやすいので、日当たりと風通しをよくして予防する

	名称	症状／被害	対策
病気	べと病	葉の表面に白色から淡黄色の病斑があらわれ、しだいに大きくなり褐色になる。	水はけのよい土で植えつける。風通しよく育て、株を疲れさせないように、肥料不足、実のならせ過ぎに気をつける。
	うどんこ病	葉や茎の表面に白い粉をまぶしたようにカビが発生する。	日当たり、風通しをよくする。チッソ肥料や水を過多にしない。発症したら、食酢散布する。
害虫	アブラムシ	体長1mm程度の小さなムシが新芽や葉の裏などに群生して汁を吸う。	紙を広げた上に、筆などを使って払い落とす。
	ハモグリバエ	葉の中に幼虫が入り込み、葉の中を食害。被害を受けた葉には、食害あとの白い線がつく。	被害を受けた葉ごと処分するか、葉の中の幼虫やさなぎを葉の上から潰す。

55

赤紫色の茎を収穫する冬野菜
コウサイタイ
かんたん！ ★☆☆

〈アブラナ科〉

冬から春にかけて次々と伸びる茎を収穫する野菜です。茎は赤紫色ですが、熱を加えると濃い緑色に変わります。寒冷地では、春か夏にタネをまいて、初夏か秋に収穫します。

適したコンテナ

大きさ 大 中 小　形

栽培カレンダー（関東標準）　発芽適温 20〜25℃

	1	2	3	4	5	6	7	8	9	10	11	12
作業									タネまき			
収穫期												

作り方Point
* 大きなコンテナで育てると大株に育つ。
* 茎や葉を株ごと収穫する場合は、小さめのコンテナで育てる。

タネまき
やや多めに点まきする

コウサイタイのタネ。アブラナ科の中でも、さらに細かい。

1 プランターに培養土を8分目まで入れ、ビンの底などでまき穴を作ります。

2 まき穴は、15cm間隔くらいにします。（5mmほどへこませる）

3 タネをつまみ、指先をねじるようにして、重ならないようにタネをまきます。（タネを重ねない）

4 1カ所に10粒程度まきます。発芽があまりそろわないので、やや多めにしておきます。

5 周囲の土を寄せて、土をかぶせます。厚くなりすぎないように注意しましょう。

6 上から手のひらで押さえて、タネと土を密着させます。水を与えて、発芽まで乾燥させないようにします。

間引き　生育のよい株を残して、1カ所3～4本にする

1 発芽して、込み合ってきたら、間引きをします。

2 ほかの株に比べて生育が悪いもの、茎が細い、葉が変形しているものから抜き取ります。元気のよい株の根を傷めないように、ハサミで根元から取ります。

3 間引き後、隣の株と葉が重なり合わないことを目安にします。1カ所3～4本にします。

根元から切る

追肥　定期的に液肥を

成長の様子を見ながら、薄めの液肥を施します。薄める濃度や頻度は、パッケージの表記に従います。濃度の濃い肥料を一度に与えると、根が傷むので、薄めにして、こまめにする方が効果的です。鉢土の表面に固形肥料を置く方法でもよいでしょう。花の茎を収穫する場合は、成長させながら次々と伸びる茎を収穫しますので、肥料を切らさないように薄めの液肥を定期的に施します。

Advice

コウサイタイは、花が咲く茎も収穫できます。花が1～2輪開花した頃に花の茎を手折って収穫します。残した茎からわき芽が伸びてくるので、再び収穫できます。

収穫　茎葉を利用する場合は、株ごと収穫する

1 草丈が20～30cmになったら、収穫します。

2 茎葉を株ごと利用する場合は、根元から収穫します。

3 ハサミで、株の分かれ目の下から切り取ります。

4 茎は赤紫色ですが、熱を加えると濃い緑色になります。

コウサイタイ

根元近くの茎が丸々太るユニークな形
コールラビ
〈アブラナ科〉

かんたん！ ★☆☆

地中海地域原産のキャベツの仲間。根元近くの茎が丸々と太り、そこから葉が出ている姿が何ともユニーク。茎は、緑色のほか、赤紫色の品種もあり、彩りにもなります。

適したコンテナ

大きさ 中 小　　形

栽培カレンダー（関東標準）　発芽適温 20℃前後

	1	2	3	4	5	6	7	8	9	10	11	12
作業			タネまき		植えつけ							
収穫期												

作り方 Point
* 発芽後に増し土し、苗をしっかりさせる。
* 茎が少し埋まるぐらいに深く植えつける。
* 茎が硬くなる前に収穫する。

タネまき
1ポットに5粒ずつまく

1 2.5号ポットの8分目まで培養土を入れます。

2 タネをできるだけ均一にまきます。

3 1ポットに5粒ずつまきます。

コールラビのタネ。アブラナ科なので、タネも子葉も区別がつきません。タネまき後はかならずラベルをつけておきましょう。

4 培養土をかぶせます。厚さを均一に、5mm～1cmほどが目安です。

5 上から押さえて、タネを密着させます。

6 全体を均一にならしましょう。

7 シャワー状に水をやわらかく与えます。

間引き・増し土
本葉が見え始めたら1ポット3本にし、子葉の下まで増し土する

1 発芽がそろい、本葉が出始めています。

2 他より茎が細いものや葉の形が悪いものから取ります。

3 残す根を傷めないように、ハサミで切ります。

4 1ポットに3本にしました。胚軸が徒長しています。

5 培養土（肥料入）を足し入れて、苗を起こします。

6 子葉の下あたりまで土を入れて、ならします。

植えつけ
根元を深めに植える

本葉が4～5枚になったら植えつけます。

1 60cmプランターの4分目まで培養土を入れます。

2 苗を取り出します。

3 株を1本ずつに分けます。

4 苗の地表の高さよりも深く植えます。

5 30cm間隔に、苗を置きます。60cmプランターに2株が目安。

6 苗を起こしながら、培養土を入れて植えつけます。

7 深めに植えることで、株がしっかりと育ちます。

8 鉢底から流れ出るまで水を与えます。

コールラビ

収穫
茎の肥大部が5～6cmくらいになったら、地際から切り取って収穫する

1 根元の茎が直径5～6cmに太ったら、または、それ以上大きくならなくなったら収穫です。

2 太った茎の下をハサミで切ります。

3 下の方にある葉は取りましょう。

4 収穫したら炒め物やスープに。収穫が遅れると茎が筋張るので、早めがよいでしょう。

⚠ 病気・害虫
アブラムシやアオムシの被害に注意する

	名称	症状／被害	対策
病気	べと病	葉の表面に白色から淡黄色の病斑があらわれ、しだいに大きくなり褐色になる。葉裏にはカビが発生し、やがて枯死する。	水はけのよい土で植えつける。雨が当たる場所を避ける。チッ素過多にしない。
病気	苗立枯病	地面に近い部分が腐って、株がしおれてしまう。	清潔な培養土で植え、とくに前回アブラナ科を植えた土を避ける。発症したコンテナは処分する。
害虫	アブラムシ	体長1mm程度の小さなムシが新芽や葉の裏などに群生して汁を吸う。	紙を広げた上に、筆などを使って払い落とす。
害虫	アオムシ	モンシロチョウの幼虫が、葉を食害して穴をあける。	モンシロチョウが飛んでいたら、葉の裏を見て、卵がないか確認し、卵を見つけたらつぶす。幼虫を見つけ次第、捕って処分する。
害虫	コナガ	コナガの幼虫が、葉を食害する。小型のアオムシ。	こまめに観察して予防する。見つけたら捕って処分する。タネまき後は寒冷紗をかけて防除する。
害虫	ヨトウムシ	夜間に活動して、葉を食い荒らす。	被害を見つけたら、周囲や鉢の裏を確認して、見つけ次第処分する。

✋ HELP!

＊茎が太らない！

茎が太らない原因としては、以下のようなことが考えられます。
- コンテナが小さ過ぎて、根を張るスペースが十分ではない。
- 日照不足。
- 肥料不足。
- 生育適温（15～20℃）でない。

十分な大きさのコンテナで植えつけましょう。大きめのコンテナで日当たりが十分でも育ちが悪いなら、薄めの液肥を追肥して様子をみます。

短め品種ならコンテナでも大丈夫！

ゴボウ

〈キク科〉

ふつう ★★☆

一般的な品種では、根が長く、栽培期間が長くかかりますが、「サラダゴボウ」と呼ばれる種類は、根も栽培期間も短くてコンテナ向き。

適したコンテナ

大きさ 大 中　形

栽培カレンダー（関東標準）　発芽適温 20～25℃

作業	1	2	3	4	5	6	7	8	9	10	11	12
作業					タネまき							
収穫期	━━	━━								━━	━━	

作り方Point
* 栽培するコンテナに直接タネをまく。
* 初期の成長はゆっくりなので、気長に。
* 黒色のアブラムシの発生に注意する。

タネまき
移植を嫌うので、直接まく

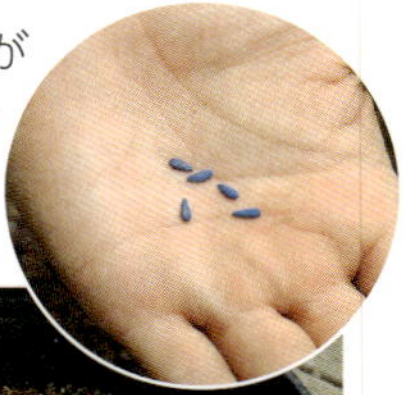

ゴボウのタネ。写真のタネに色がついているのは、殺菌処理済みのタネの誤食を防ぐため。タネを一晩水につける必要はない。

1 10号鉢を用意します。深さは30cm以上あるものがよいでしょう。

2 中央をビンの底などでへこませ、まき穴を作ります。

3 1.5～2cmの深さにします。

4 5粒ずつまきます。

5 周囲の土を寄せて、土をかぶせます。

6 タネをまいた部分を押さえます。

7 鉢底から水が流れ出るまで水を与えます。

ゴボウ

間引き1
5本から3本に、ていねいに抜く

1 本葉が出て込み合ってきたら、1回目の間引きをします。

2 抜き取る株の根元の土を押さえます。

3 ていねいに抜き取ります。根がまっすぐ育っていますね。

4 生育がよい3本にします。

間引き2
1鉢1本に、ハサミで切る

1 葉が大きくなるので、本葉3枚になったら1本にします。

2 間引く株は、葉のつけ根からハサミで切ります。

根元からハサミで切る

3 ハサミで切るのは、残す株の根を傷めないためです。

4 1本にしました。2週間に1回、薄い液肥で追肥します。

収穫　途中で折らないように周囲を掘る

1 収穫が遅れると「す」が入りますので、適期になったら早めに収穫します。

2 鉢の側面を叩いて、取り出しやすくします。

3 根の上部を持って、引き上げます。

4 途中で折らないように周囲の土を掘りながら抜きます。

病気・害虫
アブラムシに注意

アブラムシがつきやすく、とくに葉の裏側の風通しが悪い部分に多く発生するので、こまめに観察して、駆除します。ゴボウにつくアブラムシは、黒色をしてるので、見つけやすいでしょう。また、日当たりと風通しが悪いと、うどんこ病が発生しやすくなります。葉や茎に白い粉をまぶしたようなカビが発生したら、食酢を薄めたものを散布すると効果があります。

アブラムシ

香りと風味が持ち味の健康野菜

ゴマ

〈ゴマ科〉

かんたん！
★☆☆

料理の風味付けに大切で、また栄養価も高い野菜です。育て方は意外と簡単です。自分で育てたゴマの実がびっしりとなった姿を見るのは感激ものです。

適したコンテナ

大きさ 中　　形

栽培カレンダー（関東標準）　生育適温 25℃前後

	1	2	3	4	5	6	7	8	9	10	11	12
作業						植えつけ						
収穫期												

作り方Point
* アブラムシの発生に注意する。
* 熟すとサヤが弾けるので、収穫はタイミングよく行う。

ゴマの花

🌱 植えつけ　子葉の下まで植えつける

1 市販苗。数本植えられています。

2 1本ずつ分けて植えつけます。プランターに土を入れます。（ここまで土に埋める／子葉／苗の地表の高さ）

3 60cmプランターで4本が目安。培養土を入れて植えつけます。

4 根元を押さえて落ち着かせ、水を与えます。（植えつけ後に7〜8分目の高さ／子葉の下まで土を入れる）

収穫　熟した茎ごと、またはサヤが変色したものから収穫する

1 枯れてきたら、収穫です。熟すと弾けてしまうので、熟したら早めにしましょう。

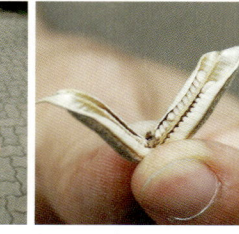

2 熟した実は茎ごと取ります。

3 弾けるのが心配な場合は、黄色になったサヤを取り、紙袋に入れて乾燥させます。

63

コマツナ

ほぼ1年中栽培できて、とっても便利

〈アブラナ科〉

かんたん！
★☆☆

暑さ、寒さに強く、ほぼ1年中栽培可能です。また、栽培期間も短く、間引き菜から利用できるので、あるととても便利です。明るい日陰（P193参照）でも育てられます。

適したコンテナ

大きさ	中 小	形	□ ◡ ◡

栽培カレンダー（関東標準）　発芽適温 18〜25℃

	1	2	3	4	5	6	7	8	9	10	11	12
作業			タネまき ────────────────									
収穫期				────────────────								

作り方 Point

* タネはすじまきか点まきにする。
* 春から夏は害虫の被害に注意する。
* 発芽率がよいので、タネはまきすぎない。

タネまき
コンテナの土はあらかじめ湿らせておく

コマツナのタネ。比較的細かいので、タネまき後の水やりで流れたり沈んだりしないよう、先に土を湿らせる。

1 7〜8分目まで土を入れ、湿る程度に水を与えます。（土を入れたら、湿らせる）

2 中央にすじをつけます。

3 5mm程度の深さにします。

4 タネが重ならないよう、等間隔にまきます。

5 1cm間隔にまいていきます。発芽率がよいので、まきすぎには注意します。

6 左右の土を寄せて、タネの上にかぶせます。厚くならないようにします。

7 タネをまいた部分を押さえ、タネと土を密着させます。

間引き　隣と触れない程度に

1 発芽がそろったら、他より細いものや形の悪いものを根元から切ります。

2 隣の株と葉が触れない程度の間隔にします。

間引き収穫　本葉4〜5枚からは収穫を兼ねて間引く

1 本葉が4〜5枚になったら、収穫も兼ねて間引きをします。

そっと引き抜く

2 枯れた葉などは取ります。

3 隣の株と重なり合わないようにします。

4 順次間引きながら、収穫していきましょう。

増し土・追肥　胚軸が土に埋まるように

1 胚軸（子葉の下、根までの部分）が、土から出てきています。

2 培養土を足し入れます。培養土に肥料が入っているので、追肥にもなります。

3 葉や成長点（茎の分かれ目）を埋めないようにします。

4 胚軸が埋まるように、子葉の下まで土を足します。

収穫　草丈20cm前後に

草丈20cm前後までが収穫の適期なので、それまでに間引きも兼ねて、株元から切って収穫します。

⚠ 病気・害虫
アブラムシに注意

とくに春から夏にかけての栽培では、害虫の被害に注意します。アブラムシは葉の裏や葉のつけ根、新芽に注意して、駆除します。モンシロチョウ、カブラハバチ、コナガの幼虫の食害は見つけ次第駆除します。寒冷紗をかぶせるなどして、害虫よけをしておくのもよいでしょう。病気・害虫対策については、カリフラワー（P48）、コールラビ（P60）を参照してください。

コマツナ

大きなプランターで植えれば簡単

サツマイモ

〈ヒルガオ科〉

かんたん！
★☆☆

暑さと乾燥に強く、長く伸びるつるは日よけやコンクリートの輻射熱防止にも役立てられるので、一石二鳥です。コンテナでの栽培なら、畑に比べて害虫の被害も少なくなります。

適したコンテナ

大きさ 大 中　形

栽培カレンダー（関東標準）　生育適温 25～30℃

	1	2	3	4	5	6	7	8	9	10	11	12
作業						植えつけ						
収穫期												

作り方Point
* 茎はできるだけ水平に植えつける。
* 肥料を多くしない。
* スズメガの幼虫による食害に注意する。

植えつけ
できるだけ茎を水平にして植えつける

1 10号以上の土がたっぷり入る鉢を用意します。ウォータースペース分を空けて、培養土を入れます。

（ウォータースペース）

2 苗を植えつける溝を作ります。指の長さ分の深さでよいでしょう。

（成長点は埋めない／葉は埋めない／ここまで埋める／できるだけ水平に植える）

3 苗の茎を水平に伸ばして植えます。各節からイモになる根が出ますが、茎が曲がっていると、曲がった頂点の節に養分が集中して、イモの数が少なくなります。

4 周囲の土をかぶせて苗を植えます。

Advice

（茎が太い／節間が狭い／葉柄が短い／根が伸びていない）

苗は、入荷すぐの茎が太く、しっかりとしたものを選びましょう。節間が狭く詰まっているもの、葉柄が短いものがよいです。根が出ているのは、入荷からしばらく経ったものと考えられるので、避けます。根が出たものを植えつける場合は、根は取ってから植えましょう。

5 土を押さえて、落ち着かせます。葉がない節はそのままでもよいですが、引っかけて苗を抜かないように、切っておいてもよいでしょう。

（葉がない節は出ていてもよい）

6 先端の節まで土に埋めますが、成長点と葉は埋めないようにします。

（成長点）

7 植えつけが終わったら、鉢土全体にたっぷり水を与えます。

つる管理　日によく当てる

畑では、余分な根が出ないようにつるを返す作業が必要ですが、コンテナで育てればその必要はありません。肥料も基本的には必要ありませんが、あまりに生育が悪いようなら、薄い液肥を施します。

⚠ 病気・害虫　畑より心配はないが、葉と根の食害に注意

	名称	症状／被害	対策
害虫	エビガラスズメ	尾の部分にツノのような突起がある大型イモムシが葉を食害する。	見つけ次第、捕らえて処分する。
	コガネムシ	幼虫が根を食害する。水が十分なのにしおれたり、全体に元気がなくなる。	症状が見られたら、土を一部掘って根の状態を確認し、発見したら捕らえて処分する。

収穫　葉が枯れてきたら収穫する

1 10～11月に、葉が枯れてきたら、収穫します。

2 そのままでもよいですが、つるがじゃまになるので切ります。

たくさんのイモが収穫できました。

3 根が張り固まっているので、側面を叩いたり、軽く打ち付けるようにしてほぐします。

4 土がほぐれたら、イモを折らないように取り出します。

Advice より大きな、土の容量が多いコンテナで栽培すると、さらに立派なイモが収穫できます。

90cmプランターで栽培。

サツマイモ

乾燥に弱いので、水やりを欠かさずに
サトイモ
〈サトイモ科〉

むずかしい ★★★

栽培期間中は観葉植物として楽しめます。乾燥が苦手なので、こまめに水やりをしますが、その分、根腐れしやすくなりますので、水はけのよい土で植えつけるようにしましょう。

適したコンテナ

| 大きさ | 大 | 形 | 🪴 |

栽培カレンダー（関東標準） 生育適温 25〜30℃

	1	2	3	4	5	6	7	8	9	10	11	12
作業					植えつけ							
収穫期												

作り方Point
* タネイモは、芽出しして育苗する。
* 鉢土が乾かないように水やりする。
* 根腐れしないように、水はけのよい土で。

芽出し
イモを立てて植える

病気の心配があるので、タネイモとして販売されているものを使った方が安心です。

1 培養土を1〜2cmの厚さに入れます。

2 タネイモの芽を上に立てて置きます。

3 タネイモを押さえながら土を足します。芽が隠れるまで土を入れます。

4 たっぷりと水を与えます。

植えつけ
増し土する分のスペースを取る

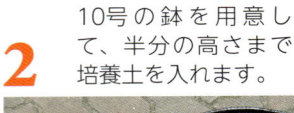

1 葉が4〜5枚になったら、植えつけをします。

2 10号の鉢を用意して、半分の高さまで培養土を入れます。

3 苗を指の間に挟むように持ち、横に倒して取り出します。

4 根がポットいっぱいに張っています。

5 用意した鉢の中央に根鉢を崩さずに置きます。

増し土分のスペースを取る

6 土を足して植えつけます。

7 新しい葉が出てくる部分を土に埋めないようにしましょう。

8 鉢底から水が流れ出るまで水を与えます。

増し土・追肥
多めに入れる

1 株が大きく育ち、土の中も根がいっぱいになっています。

2 新しい根を伸ばす場を作るように、培養土を入れます。

培養土

3 茎の下の方が埋まるまで、多めに入れます。

収穫
葉が枯れてきたら

1 鉢の側面を叩いて、鉢と根鉢の間にすき間を作り、取り出せるようにします。

2 鉢から取り出します。

3 根と根の間に入った土を落とすように根鉢をほぐします。

葉が枯れてきたら収穫。

4 土が落ちたら水を張ったバケツの中または外の水道で洗います。

5 小イモたちを、それぞれ手でもぎ取って収穫します。

サトイモ

⚠ 病気・害虫
アブラムシに注意

アブラムシがつきやすく、とくに葉柄と葉のつけ根の葉裏に多く発生するので、こまめに観察して、駆除します。真夏に乾燥するとハダニが発生するので、ときどき、葉の裏を洗うようにします。

69

間引きも兼ねて、外葉や株ごと収穫
サンチュ
〈キク科〉

かんたん！
★☆☆

レタスの仲間です。サラダや焼き肉の付け合わせに、ポピュラーな存在になっています。間引きを兼ねながら、長く収穫を楽しみましょう。

適したコンテナ
大きさ 中 小　形

栽培カレンダー（関東標準）　発芽適温 15〜20℃

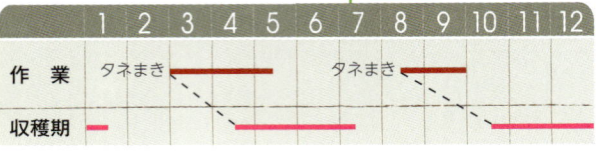

作業	1	2	3	4	5	6	7	8	9	10	11	12
作業		タネまき						タネまき				
収穫期												

作り方Point
* 成長に合わせて間引きながら育てる。
* 外葉から収穫して、長く楽しむ。
* 寒冷地では夏まきして秋に収穫する。

タネまき
土はごく薄くかぶせる

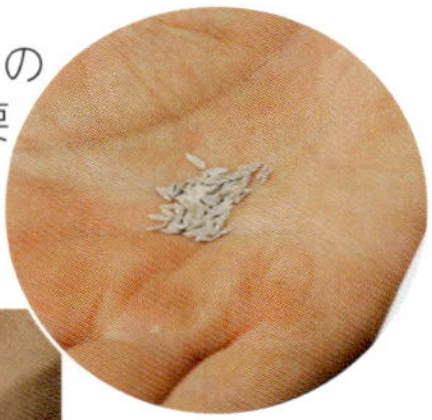

サンチュのタネ。レタスの仲間は、発芽に光を必要とする性質があるので、覆土はごく薄く。

1 培養土を8分目まで入れ、まきすじを作ります。（30cmプランター）

2 できるだけタネが重ならないようにまきます。

3 周囲の土をかぶせます。くれぐれも厚くならないようにしましょう。（ごく薄くかぶせる）

4 手のひらで押さえて、タネと土を密着させます。やわらかいシャワー状の水を与えます。

間引き1
隣の株と葉が触れ合わないように

発芽が揃ったら間引きをして、隣の株と葉が触れ合わない程度にします。他に比べて生育が悪いもの、葉が変形しているものから間引きます。根元を押さえて引き抜くか、根元からハサミで切りましょう。

間引き2　成長に合わせて順次間引く

1 込み合ってきたら、順次間引きます。根元から切ります。

2 株間5cm程度にし、日当たりと風通しをよくします。

3 間引いた株は、サラダなどに利用しましょう。

4 枯れた葉があったら、取り除いておきましょう。

5 枯れた葉や雑草は、こまめに取りましょう。

追肥　定期的に追肥する

発芽から2週間ほど経ったら、追肥を開始します。液肥を定期的に施します。濃度や頻度は、パッケージの表記に従います。

間引き収穫　株ごと収穫するか、外葉から収穫する

1 間引きも兼ねた収穫では、大きく育った株から取ります。

2 根元からハサミで切って収穫し、株間をあけます。

3 数が少なくなってきたら、必要量を外葉からかきとって収穫することもできます。

サンチュ

⚠️ 病気・害虫　レタスの仲間なので、ハモグリバエの被害が発生しやすい

	名称	症状／被害	対策
病気	モザイク病	葉にモザイク模様ができたり、株全体が萎縮したようになる。ウイルスが原因。	ウイルスを媒介するアブラムシなどを防除する。発病した鉢は処分する。
病気	うどんこ病	葉や茎の表面に白い粉をまぶしたようなカビが発生し、株が弱る。	チッ素肥料を控えめにし、日当たり、風通しをよくする。極端な乾湿を繰り返して、株を弱らせないようにする。
害虫	アブラムシ	体長1mm程度の小さなムシが新芽や葉の裏などに群生して汁を吸う。	紙を広げた上に、筆などを使って払い落とす。
害虫	ハダニ	葉裏などに群生し、植物の汁を吸い、被害を受けた葉はかすれたようになる。	ときどき、葉の裏側を洗うようにして予防する。極端に乾燥させないようにする。
害虫	ハモグリバエ	葉の中に幼虫が入り込み、葉の中を食害。被害を受けた葉には、食害あとの白い線がつく。	被害を受けた葉ごと処分する。

アブラナ科のなかでは病害虫に強い
サントウサイ

〈アブラナ科〉

かんたん！
★☆☆

やわらかくみずみずしい葉をサラダやスープの具に利用します。栽培は簡単で、ほぼ1年中収穫できます。明るい日陰（P193参照）でも育ちますが、徒長しやすいので、増し土します。

適したコンテナ

大きさ **中 小**　　形

栽培カレンダー（関東標準）　発芽適温 15〜20℃

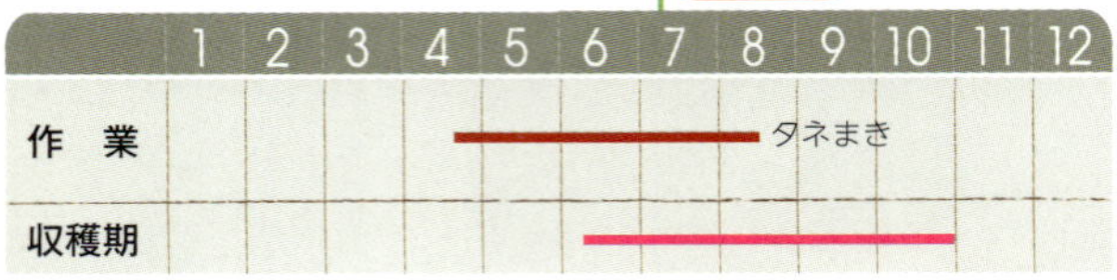

	1	2	3	4	5	6	7	8	9	10	11	12
作業						タネまき						
収穫期												

作り方Point
* 明るい日陰（P193参照）でも栽培できる。
* 葉が絡みやすいので、作業は丁寧に。
* 徒長したら、増し土してしっかりさせる。

タネまき
重ならないように密にまく

サントウサイのタネ。すじまきでも点まきでも育てることができます。

1 プランターに培養土を8分目まで入れ、15cm間隔にまき穴を作ります。（5mmほどへこませる）

2 タネが重ならないようにまきます。

3 点まきの場合は、1カ所5〜10粒、すじまきは1cm間隔にまきます。

4 周囲の土を寄せてタネの上にかぶせます。

5 厚さは5mm〜1cm程度ですが、あまり厚いと発芽しにくくなるので、注意します。

6 上から押さえて、タネと土を密着させます。

間引き　葉どうしが絡みやすいので、傷めないように作業する

1 発芽がそろったら、隣の株と葉が重なり合わないように間引きます。生育が悪いものをハサミで根元から切ります。葉がやわらかく、絡まりやすいので、絡んだ部分は丁寧に取りましょう。

2 雑草があったら、取ります。雑草は、根を残さないように、必ず根ごと引き抜きましょう。

3 苗がひょろひょろしているなら、子葉の下まで培養土を足し入れます。茎の分かれ目を埋めないようにします。

間引き収穫　込み合う部分から間引きも兼ねて収穫する

1 草丈が20cmくらいになったら、収穫できます。間引きも兼ねて収穫し、残した株を大きく育てていきます。

2 込み合った部分から、株間が5cm程度になるように取ります。根元からハサミで切ってもよいでしょう。

そっと引き抜く

3 隣の株と葉が重ならないようにし、日当たりと風通しをよくします。収穫した株は、スープや煮物に利用しましょう。

増し土　胚軸を土に埋める

胚軸

1 胚軸（子葉の下、根までの部分）が出ているので、増し土します。

2 茎の分かれ目を土に埋めないようにします。

サントウサイ

> ### ⚠ 病気・害虫
> **アブラムシに注意**
> アブラナ科の野菜は病気や害虫にかかりやすいですが、比較的丈夫なので心配ありません。どの野菜にも発生するアブラムシやハダニ、ヨトウムシなどの被害は、こまめに観察して早めに対処しましょう。

水不足になると激辛になるので注意！

シシトウ

〈ナス科〉

かんたん！
★☆☆

夏の定番野菜のひとつ。ピーマンなどと同じ仲間ですが、ピーマンとトウガラシのちょうど中間的な存在。夜の気温が高すぎたり、水不足が原因で激辛になることがあります。

適したコンテナ

| 大きさ | 大 中 | 形 | 🟫 🟫 |

栽培カレンダー（関東標準）　生育適温 20〜30℃

	1	2	3	4	5	6	7	8	9	10	11	12
作業						— 植えつけ						
収穫期							━━━━━━					

作り方 Point
* 増し土する分を考慮して植えつける。
* できるだけ大きめのコンテナで育てる。
* 支柱を立てて茎を支える。

🌱 植えつけ
気温が十分に暖かくなってから、あらかじめ支柱を立てた大きめの鉢に植える

1 高温を好む野菜なので、気温が十分に暖かくなってから植えます。

2 8号以上の鉢に、支柱を2本立てて固定します。培養土を6分目まで入れます。

3 茎の根元を指の間に挟むようにして持ち、苗を逆さにして、ポットを取ります。

4 根がよく張っています。根鉢を崩さないようにします。（根鉢）

5 用意した鉢の中央に置きます。

6 培養土を足し入れます。苗の土の表面よりも少し深めに入れましょう。

7 土が入ったら、平らにならし、根元を押さえて落ち着かせます。

8 根が張るまで、仮支柱で支えます。

9 全体にたっぷり、鉢底から流れ出るまで水を与えます。

✂ わき芽取り　枝の分かれ目よりも下のわき芽は取る

1 第1果の下で枝分かれするので、それより下のわき芽は取ります。

← 第1果

2 葉のつけ根から出ている芽がわき芽です。

3 わき芽はつけ根から取ります。

作業後。

4 鉢に固定した支柱に、横支柱を1本渡します。枝の分かれ目の少し上につけます。

5 枝の分かれ目の下をひもでつり上げるように。横支柱に縛ります。

6 茎をきつく締めすぎないようにしましょう。

横支柱にひもを固定

第1果　茎の分かれ目の下にひもを通す

シシトウ

🫴 収穫　育ったものから収穫する

1 育ったものから収穫します。

2 へたの上をハサミで切り取ります。

3 第1果は早めに取ります。

⚠ 病気・害虫 ハダニに注意

夏の高温期には、ハダニが発生しやすくなります。とくに、乾燥しやすいベランダでは注意が必要です。ときどき、水やりのついでに葉の裏を洗って予防、駆除します。葉がかすれたようになったら、葉の裏を見て、早めに対処しましょう。

1鉢あるととても便利な香味野菜

シソ

〈シソ科〉

かんたん！
★☆☆

料理の添え物、風味づけがちょっと欲しいときなどに、1鉢あるととても重宝します。栽培方法もとても簡単です。コンテナでも、翌年、こぼれタネから自然に育つこともあります。

適したコンテナ

大きさ 中 小　形

栽培カレンダー（関東標準）　発芽適温 20～22℃

	1	2	3	4	5	6	7	8	9	10	11	12
作業			タネまき				植えつけ					
収穫期												

作り方Point
* 1ポットに数株植えられている苗は、1株ずつにばらして植える。
* 摘心して枝数を増やし、収量アップ。

植えつけ
株間10～15cmに、1本ずつ植えつける

Advice タネから育てる場合は、3号ポットに5粒程度まきます。発芽率がよいので、まきすぎないようにします。

1 本葉5枚以上になったら植えつけます。

2 45cmプランターに培養土を8分目まで入れます。

3 苗をポットから取り出します。

4 数株植えられているので、1株ずつに分けます。

5 できるだけ根を傷めないように、絡んだ根をほぐして、左右に引っ張ります。無理に引っ張らないようにしましょう。

6 1株ずつに分かれました。すべての苗を植えつけられない場合は、茎が太いものから選びます。

7 根が入るくらいの植え穴を掘り、苗を植えつけます。根を広げておくと、植えつけ後の生育がよくなります。（根を広げる）

8 土を戻し、周囲を押さえて落ち着かせます。

9 他の株も同様に植えつけます。

10 10〜15cm間隔にします。

11 シャワー状の水を与えます。

✂ 摘心・収穫　わき芽を伸ばして枝数を増やす

1 茎を途中で切ることでわき芽を伸ばし、枝数を増やします。（ここで切る／わき芽）

2 伸ばしたいわき芽がある葉の少し上で切ります。

3 他の株も同様にします。

4 摘心した葉は、料理に利用します。挿し木をして株を増やしてもよいでしょう。

収穫　必要量ずつ収穫

1 わき芽が伸びてきたら、そのわき芽も摘心すると、さらに枝数を増やすことができます。

2 1枚ずつ摘み取って収穫することもできます。

増し土・追肥　コンテナの9分目あたりまで培養土を入れる

1 大きく株が育ったら根もコンテナいっぱいに張っています。

2 追肥も兼ねて、培養土を足します。

3 9分目まで入れ、新しい根が伸びるスペースを作ります。

シソ

コンテナで育てるとイモ肌がきれいに！

ジャガイモ

〈ナス科〉

ふつう ★★☆

暑さや寒さに弱いですが、コンテナでは温度管理をしやすく、病害虫や連作障害の心配があまりないので、意外に栽培しやすいでしょう。いろいろな品種にチャレンジしてみましょう。

適したコンテナ

| 大きさ | 大 | 形 | 🪴 |

栽培カレンダー（関東標準）　生育適温 15〜20℃

	1	2	3	4	5	6	7	8	9	10	11	12
作業		植えつけ						植えつけ				
収穫期												

作り方 Point
* 深さのある大きなコンテナで育てる。
* 成長に合わせて増し土をする。
* 殺菌済みのタネイモを植えつける。

🌱 植えつけ
タネイモ専用のものを用意して、3芽ずつになるように切り分け、殺菌する

1 そのまま植えると1カ所から芽がたくさん出てしまうので、3芽ずつにします。

2 包丁で切り分けます。

3 3芽ずつというのが難しいなら、できるだけ均等に分けるようにします。（芽）

4 草木灰を用意します。草木灰がない場合は、1日日光消毒して、切り口を乾かします。

5 草木灰を切り口につけます。

6 切り口にまんべんなくつけましょう。

7 鉢の6分目まで培養土を入れます。

8 中央に、切り口を下にして植えます。

9 タネイモの上に15cmくらい土がかぶるように培養土を入れます。

10 植えつけ後はたっぷり水を与えます。

増し土するので、スペースをあけておく

✂ わき芽取り
茎が太い3本を残して引き抜く

茎が細い →
← 茎が太い

1つの芽から複数の茎が伸びますが、すべてを育てるとイモがあまり大きく育たないので、茎が太い生育のよいものを残して、抜き取ります。

1 タネイモまで抜かないように、抜く茎の周囲をしっかりと押さえます。

抜く茎の周囲をしっかりと押さえる

2 しっかりと押さえながら、引き抜きます。

引き抜く

🪴 増し土・追肥　追肥も兼ねて2～3回に分け、培養土を足し入れる

1 植えつけから1カ月ほど経ったら、増し土します。

2 追肥も兼ねて、肥料入りの培養土を足し入れます。

3 ウォータースペース分をあけ、多めに土を入れます。2～3週間たったら、再び増し土を。

ウォータースペース

ジャガイモ

収穫　葉が枯れてきたら収穫する

1 茎がやや徒長気味なので、コンテナの縁近くに支柱を立てて、栽培しました。

2 葉が枯れてきたら、そろそろ収穫です。

3 そのままでもよいですが、じゃまになるので、茎を切ります。

4 鉢の側面を叩いて、鉢と根鉢の間にすき間を作ります。

5 根元近くを持って引き抜き、土をほぐすようにします。

6 茎を引き上げて、イモを取り分けます。

⚠ 病気・害虫
春先はアブラムシの駆除を徹底的にする

	名称	症状／被害	対策
病気	モザイク病	葉にモザイク模様ができたり、株全体が萎縮したようになる。ウイルスが原因。	ウイルスを媒介するアブラムシなどを防除する。発病した鉢は処分する。
	疫病(えきびょう)	葉、茎に黒褐色の斑点が現れ、やがて株全体が腐敗する。	清潔な土で育てる。チッ素過多、茂りすぎにならないようにする。
害虫	アブラムシ	体長1mm程度の小さなムシが新芽や葉の裏などに群生して汁を吸う。モザイク病を引き起こす。	紙を広げた上に、筆などを使って払い落とす。
	ニジュウヤホシテントウ	全体が朱赤色で多数の黒い斑点がある丸い甲虫。幼虫も成虫も葉を食害し、被害を受けた箇所は波模様が残る。	見つけ次第、捕らえて処分する。
	ハダニ	葉裏などに群生する小さなムシ。植物の汁を吸い、被害を受けた葉はかすれたようになる。	ときどき、葉の裏側を洗うようにして予防する。極端に乾燥させないようにする。
	ヨトウムシ	幼虫が昼間は葉の裏や土の中に潜み、夜間活動して葉などを食害する。	被害を見つけたら、葉の裏や表面の土を掘って探し、見つけ次第捕らえて処分する。

Advice
ジャガイモは、タネイモから伸びた茎から、地下茎が伸びて、イモがなります。そこで、タネイモよりも上に厚く土があることが、多くのイモを収穫する上で大切です。また、イモが地上に出て日光に当たると、その部分が緑色になり、有毒の成分を含みます。イモが出ないように、土をかぶせておきましょう。

冬の鍋にはベランダ直送で楽しんで!

シュンギク

かんたん! ★☆☆

〈キク科〉

寒さに強く、栽培しやすいです。真夏以外ならいつでも栽培できますが、秋からの栽培なら病害虫の心配が少なく、鍋料理などにも活用できて便利です。

適したコンテナ

| 大きさ | 中 小 | 形 | □ □ □ |

栽培カレンダー（関東標準）　発芽適温 15～20℃

	1	2	3	4	5	6	7	8	9	10	11	12
作業				タネまき			タネまき					
収穫期												

作り方 Point

* タネが隠れる程度に土をかぶせる。
* 摘心も兼ねて収穫し、わき芽を伸ばす。
* ハモグリバエの被害に注意する。

シュンギクのタネ。発芽に光を必要とする好光性のタネ。

タネまき
タネの上に薄く土をかぶせる

1 プランターに培養土を8分目まで入れ、中央にまき溝をつけます。

指先をねじるようにして、タネをまく
土は湿らせておく

2 タネが重ならないように溝にまきます。

3 タネがようやく隠れる程度に、周囲の土を寄せて土をかぶせます。

タネが隠れる程度にかぶせる

4 押さえてタネと土を密着させます。シャワー状のやわらかい水でたっぷり水を与えます。

シュンギク

81

間引き
隣の株と葉が重なり合わないように

1 隣の株と葉が重なり合う箇所から順次間引きます。発芽がそろわないので、生育状況がまちまちです。

2 ほかの株に比べて生育が悪いもの、茎が細い、葉が変形しているものから間引きします。発芽して間もない株はとても小さいので、先が細いハサミで、根元から切るか、ピンセットで抜きます。

根元からハサミで切る

3 隣の株と葉が重なり合わないことを目安にします。生育の様子を見て、順次間引き、株間10cmくらいにします。

追肥
薄めの液肥を施す

成長の様子を見ながら、薄めの液肥を施します。薄める濃度や頻度は、パッケージの表記に従います。濃度の濃い肥料を一度に施すと、根が傷むので注意しましょう。

摘心・収穫　茎の先端を10cm程度切る

1 茎が15～20cm程度に育ったら、葉の先端を摘み取ります。

2 葉のつけ根の上あたりから切ります。残した葉のつけ根からわき芽が伸びます。

3 わき芽が伸びたら、2～3節残し、摘心も兼ねて収穫できます。

病気・害虫
ハモグリバエの被害が発生しやすい

	名称	症状／被害	対策
病気	モザイク病	葉や株全体が萎縮したようになる。ウイルスが原因。	ウイルスを媒介するアブラムシなどを防除する。発病した鉢は処分する。
	べと病	葉の表面に白色から淡黄色の病斑があらわれ、しだいに大きくなり褐色になる。葉裏にはカビが発生し、やがて枯死する。	水はけのよい清潔な用土で植えつける。雨が当たる場所を避ける。
害虫	アブラムシ	体長1mm程度の小さなムシが新芽や葉の裏などに群生して汁を吸う。	紙を広げた上に、筆などを使って払い落とす。
	ハダニ	葉裏などに群生し、植物の汁を吸い、被害を受けた葉はかすれたようになる。	ときどき、葉の裏側を洗うようにして予防する。極端に乾燥させないようにする。
	ハモグリバエ	葉の中に幼虫が入り込み、葉の中を食害。被害を受けた葉には、食害あとの白い線がつく。	被害を受けた葉ごと処分する。

ベランダの片隅でも育てられる

ショウガ
〈ショウガ科〉

かんたん！
★☆☆

明るい日陰（P193参照）でも育ちますので、ベランダのやや日陰となる場所でも栽培できます。高温多湿を好むので、乾燥には注意し、風通しをよくしましょう。

適したコンテナ

大きさ	大 中	形	□ ▽

栽培カレンダー（関東標準）　生育適温 25〜30℃

	1	2	3	4	5	6	7	8	9	10	11	12
作業						植えつけ						
収穫期								収穫1回目		2回目		

作り方Point
* 水はけのよい土で植えつけ、土を乾燥させないようにこまめに水やりする。
* スペースを取って植えつける。

植えつけ
タネショウガが隠れるように植える

Advice 多湿を好みますが、水もちがよい土にするよりも野菜用培養土で植えつけ、こまめに水やりした方が、根腐れで失敗する心配がありません。

1 苗を購入するか、ポットで発芽させてから植えつけるとよいでしょう。

2 プランターの4〜6分目まで培養土を入れます。

3 苗をポットから取り出します。

4 新芽が多く出ている側に、よりスペースを取って植えつけます。（成長する方向）

5 株間20cm程度をあけましょう。45cmプランターに2株が適当です。

6 培養土を足し入れます。

ショウガ

83

7 培養土を入れたら、土の表面を平らにならします。

8 苗の土の表面の高さよりも多めに、タネショウガが隠れるまで入れます。

9 植えつけが終わったら、鉢土全体に行き渡るように水を与えます。

増し土・追肥　ショウガが隠れるように土を足し入れる

1 夏に、追肥と乾燥防止を兼ねて増し土します。

2 ショウガが見えているので、それが隠れるまで土を足します。

3 縁の上から2〜3cmのあきを残して、土を入れます。

4 様子を見ながら、鉢土の表面が下がってきたら、土を足し入れます。

収穫1　夏に新ショウガを収穫する

1 夏には、新ショウガの香りを楽しむことができます。

2 新しいショウガができているのを確認します。

3 白っぽい色をしているのが、新しくできたショウガです。

4 新ショウガから伸びた茎の根元近くを持って、引き抜きます。

5 他のショウガをいっしょに抜かないようにしましょう。

6 一部だけを取って、他は残し、土は埋め戻します。

7 洗って、土を落とします。

8 それぞれに取り分けます。

収穫2
葉が枯れてきたら、鉢土ごと取り出して収穫する

1 晩秋になって、葉が枯れてきたら、収穫します。

2 根がいっぱいに張って取り出しにくい場合は、側面を叩いてゆるめます。

3 容器やシートの上に根鉢ごとあけ、土を落とします。

4 水を張ったバケツの中や外の水道で根を洗い、取り分けます。

ショウガ

実の表面が光ってきたら収穫
シロウリ
〈ウリ科〉

各地にいろいろな品種があります。多くは表皮が黄緑色です。マクワウリやシマウリなども仲間です。乾燥には強いので、プランターでも育てやすいでしょう。

適したコンテナ
大きさ 大　　形

栽培カレンダー（関東標準）　生育適温 15～25℃

	1	2	3	4	5	6	7	8	9	10	11	12
作業					植えつけ							
収穫期												

作り方Point
* 寒さに弱いので、暖かくなってから苗を購入して植えつける。
* 人工授粉して、実をならせる。

摘心・植えつけ
深植えにしない

本葉4～5枚になったら、先端をつまみ取り、摘心します。支柱を立てた10号鉢に7分目まで土を入れ、ポットから取り出した苗を植えます。深植えにならないように植えます。寒さに弱いので、十分に暖かくなってから植えつけます。

摘心する

肥料
植えつけ2週間後くらいから

薄めの液肥などで追肥をします。薄める量や回数については、パッケージの表示に従います。

誘引
つるが伸びてきたら

伸びたつるは、支柱の外側を回して誘引します。方法については、キュウリ（52ページ参照）を参考にしましょう。

人工授粉
雄花を摘んで雌花につける

虫が飛べば、自然に受粉しますが、確実に実をつけるには、授粉の作業をしましょう。花は1日しか咲かず、午後にはしぼんでしまうので、早めに作業します。雄花を取り、雌花につけます。花の下に実のようなふくらみがあるものが雌花です。

収穫
実の表面が光ってきたら

収穫の目安は、開花してから20日後くらいです。人工授粉したら、その日付けを書いたラベルを吊り下げておくと判断しやすくて便利です。収穫適期になると、実の表面に光沢が現れてくるので、そこからも判断できます。へたのすぐ上からハサミで切って収穫します。

病気・害虫
風通しをよくして予防する

夏にうどんこ病とハダニが発生しやすくなります。葉や茎に白い粉をまぶしたようなカビが発生したら、食酢を散布します。風通しをよくして、予防しましょう。また、水はけが悪く過湿になると、べと病が発生する場合がありますので、注意しましょう。

元気のよい苗を選んで
スイカ
〈ウリ科〉

むずかしい ★★★

コンテナ栽培では、小玉スイカがおすすめです。失敗の原因は、苗がしっかりしていないことが多いので、植えつけ適期に出回る元気のよい苗を選びましょう。

適したコンテナ

大きさ 大　　形

栽培カレンダー（関東標準）　生育適温 25〜30℃

	1	2	3	4	5	6	7	8	9	10	11	12
作業					植えつけ							
収穫期												

作り方Point
* 元気のよい苗を選ぶ。
* しっかりとした支柱で支え、実は吊る。
* 人工授粉して実をならせる。

植えつけ　浅く植えつける

本葉が4〜5枚ほどになったら植えつけをします。子葉が残っている、元気のよい苗を選びましょう。根が浅く張るので、根元を土に深く植えないようにしましょう。

苗の土の表面が出るくらいに浅く植える。

支柱を立て固定する

7〜8分目の高さ

摘心　本葉4〜5枚で

本葉が4〜5枚になったら摘心して、わき芽を伸ばして枝数を増やします。

肥料　定期的に追肥する

薄めの液肥などで追肥をします。薄める量や回数については、パッケージの表示に従います。

誘引　つるを支柱に結びつける

つるが伸びてきたら、支柱の外側に回して、ひもで支柱に結びつけます。つるをきつく結びつけないように、余裕を持たせて結びましょう。支柱には横支柱もつけて、つるを支えるとともに、実を吊るすことができるようにします。

人工授粉　朝のうちに行う

晴れた日の午前中に作業します。雄花を摘み取り、雌花につけます。花の下に実のようなふくらみがあるものが雌花です。

収穫　受粉から30〜40日後が目安

品種によって異なりますが、人工授粉してから30〜40日後が目安です。

⚠ 病気・害虫　梅雨寒のときに注意
炭そ病、うどんこ病などの病気に注意します。

発芽すれば、その後の管理は簡単
スープセロリ
かんたん！ ★☆☆

〈セリ科〉

スープの風味づけなどに適したハーブの一種です。タネから育てると、発芽率はあまりよくありませんが、発芽すれば、それ以降の栽培は簡単で、ほとんど手間がかかりません。

適したコンテナ

大きさ：中・小

栽培カレンダー（関東標準）　発芽適温 15〜20℃

	1	2	3	4	5	6	7	8	9	10	11	12
作業				タネまき								
収穫期	多年草なので、翌年からは周年収穫可能											

作り方 Point
* 発芽率がよくないので、多めにまく。
* タネをまいたらごく薄く土をかぶせる。
* 育ったものから間引きも兼ねて収穫する。

スープセロリのタネ。セリ科なので、にんじんなどのタネとよく似ています。

タネまき
やや多めにタネをまく

1 培養土を7分目まで入れて、中央にまき溝をつけます。

2 タネは好光性で浅めにまくので、まき溝もごく浅めに5mm程度にします。（浅い溝）

3 細かいので、タネを袋や紙に入れ、反対の手で手の甲を軽く叩きながらまきます。（手の甲を叩く／少しずつまく）

4 発芽率があまりよくないので、やや厚めにまきます。

5 土を厚くかぶせると発芽しにくくなるので、タネが隠れる程度にかぶせます。（タネが隠れる程度）

6 手のひらで押さえてタネと土を密着させます。シャワー状のやわらかい水で与えます。

間引き収穫　生育のよいものから収穫し、最後は2～3株にする

1 込み合ってきたら、順次間引きを兼ねて収穫します。最終的には2～3株にし、その後は外葉から収穫します。

2 根元からハサミで切ります。隣の株との間隔をあけて、風通しをよくします。

3 間引き収穫の場合は、生育のよいものから収穫していきます。

カラフルな葉軸が楽しい

スイスチャード

〈アカザ科〉

かんたん！
★☆☆

ホウレンソウの仲間です。葉軸（ようじく）が色づくのが特徴で、赤、黄、橙（だいだい）などがあり、とてもカラフルに楽しめます。病気や害虫の心配もほとんどありません。

適したコンテナ
大きさ：中・小　　形：（長方形）（楕円）（丸）

栽培カレンダー（関東標準）
発芽適温 25～28℃

	1	2	3	4	5	6	7	8	9	10	11	12
作業			━━━━━━━━━━━━━━━━━ タネまき									
収穫期				━━━━━━━━━━━━━━━━━━━━━								

作り方Point
* タネは大きめなので、1粒ずつまく。
* 込み合う部分を間引きながら育てる。
* 酸性土壌では育ちにくい。

タネまき
2～3cm間隔にすじまき
30cmプランターから育てられます。8分目まで培養土を入れ、表面を平らにならします。中央にまき溝をつけます。タネとタネの間隔を2～3cmにまきます。培養土は市販培養土であればよいですが、使用済みの土を再利用する場合には、土の酸度に注意。酸性に偏っていることが多いので、石灰資材を入れます。

間引き
葉が重ならないように
発芽がそろったら、込み合った箇所を中心に、葉の形が悪いもの、他に比べて生育が悪いものから抜き取ります。隣の株と葉が重なり合わないように、成長に合わせて順次間引きます。胚軸（子葉の下、根までの部分）が伸びているようなら、子葉の下まで土を足し入れてやりましょう。

収穫
15cm以上になったら
生育が悪いようなら、液肥などで追肥をします。草丈15cmになったものから収穫します。この場合も、間引きも兼ねて、株間をあけるように心がけましょう。抜き取ると、他の株まで抜くことがありますので、根元をハサミで切って収穫しましょう。病害虫の心配もほとんどなく、収穫を楽しめます。

大きく育つので、スペースを確保して
ズッキーニ
ふつう ★★☆

〈ウリ科〉

キュウリのような細長い形の他、球状の品種など、いろいろあって、育てるのも楽しい野菜です。栽培は比較的簡単ですが、大きく育つので、できるだけスペースを確保します。

適したコンテナ

大きさ **大**　　形

栽培カレンダー（関東標準）　生育適温 17〜22℃

	1	2	3	4	5	6	7	8	9	10	11	12
作業							植えつけ					
収穫期												

作り方Point
* 十分に暖かくなってから植えつける。
* 大きなコンテナで育てる。
* 2株あると実がなりやすい。

植えつけ
十分に暖かくなったら

1 6分目の高さまで培養土を入れます。（10号以上の鉢、6分目まで入れる）

2 根元を押さえながら、苗をポットから取り出します。

3 根鉢を崩さないように植えます。

Advice
本葉4〜5枚で植えつけ適期ですが、気温が低い場合には、1まわり大きいポットに鉢上げし、保温して育苗しましょう。

4 用意した鉢の中央に置きます。

5 植えつけ後に鉢土の高さが8分目くらいになるよう、培養土を足し入れます。

6 苗の土の表面と同じ高さまで土を入れます。茎を深く埋めないように。

7 全体にまんべんなく、鉢底から水が流れ出るまで水を与えます。

管理　形の悪い実や枯れた葉、茎は早めに取り除く

1 形の悪い実は、受粉していない、水不足などが原因でなります。

2 形の悪い実は、つけ根から取り除きます。

3 よい実に養分を回すためにも、早めに取りましょう。

4 枯れた葉があったら、つけ根から取り除きます。

5 枯れた茎が残っていたら取り除きます。

6 こまめに手入れすることで、長く収穫を楽しめます。

※茎が育ってきたら、中央に1本支柱を立てて、支えるとよい

収穫　実が20cmに育ったら

1 実の長さが20cmになったら、収穫します。切り口から病原菌が入らないように、晴れた日に作業しましょう。

2 清潔なハサミで、へたの上を切ります。

3 長く収穫するためには、早め早めに収穫して、株を疲れさせないようにしましょう。

Advice 実のなり方が思わしくない場合は、雄花を雌花につける人工授粉をしましょう。

⚠ 病気・害虫　うどんこ病に注意

比較的病気には強いですが、うどんこ病にかかりやすいので、注意します。予防は風通しをよくすることです。ズッキーニは、葉の表面に白い模様が入るので、発見が遅れがちです。葉の裏まで見るようにしましょう。

↓うどんこ病　↑模様

ぼやけたような斑点は、うどんこ病。

模様は、葉の裏にはないので、葉の裏がこのようになっていたらうどんこ病。

ズッキーニ

冬を越して収穫できるのがうれしい

ソラマメ

〈マメ科〉

むずかしい
★★★

大きなマメの収穫が楽しみなソラマメ。花も美しく、目でも楽しめます。大きめコンテナで、十分な日当たりのある場所で育てましょう。冷たい北風が当たる場所は避けましょう。

適したコンテナ

大きさ **大**　形

栽培カレンダー（関東標準）　発芽適温 15〜20℃

	1	2	3	4	5	6	7	8	9	10	11	12
作業										タネまき	植えつけ	
収穫期												

作り方Point

* 1コンテナ2株、たっぷりの土で育てる。
* タネまきは、向きに注意する。
* アブラムシの害で成長が止まるので注意。

タネまき
根が出る部分を土に埋める

ソラマメのタネは気温が低い時期にまくので、ポットにまいて、育苗してから植えましょう。

1 3号ポットに培養土を9分目まで入れます。

2 溝になっている部分は、根が出るところです。生の実では、黒色をしている部分で「おはぐろ」と呼ばれます。

3 根が出る部分を下にして、押し込みます。（溝を下に向けて埋める）

4 タネを軽く土に押し込みます。

5 タネは土から見えている状態でも大丈夫です。

6 水を与えます。

発芽した苗

92

植えつけ 深さのあるコンテナを使い、たっぷりの土で植えつける

1 本葉5〜6枚になったら植えつけます。

2 幅60cmで深さのあるコンテナを用意します。

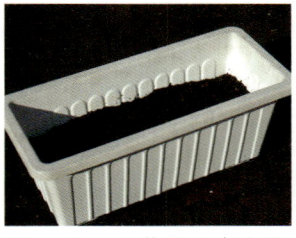

3 5〜6分目の高さまで培養土を入れます。

4 苗をポットから取り出します。

5 用意したコンテナに苗を置きます。

6 株間25〜30cmで配置します。

7 成長点を埋めないよう培養土を入れます。

8 植えつけ後は、水やりをします。

摘心 本葉4〜5枚で先端を摘み取る

1 本葉4枚以上になったら、摘心してわき芽を伸ばします。

2 先端部分を摘み取ります。

3 切り口がつぶれないようにハサミで切ってもよいです。

4 作業後。葉のつけ根からわき芽が伸びます。

管理 大きく育ってきたら支柱を立てる

根元の土が下がってきたら、増し土します。土は肥料入りの培養土を用いて、追肥を兼ねます。倒れやすいので、草丈が伸びてきたら支柱を立てて支えます。

わき芽が伸びて、枝数が増えた株。

収穫 さやが下を向いたら

ソラマメは上を向いて育ちますが、収穫適期になると下向きになります。また、光沢が出てきたら取り頃です。

⚠ 病気・害虫
アブラムシに注意

新芽にアブラムシが発生すると、その被害で成長点がダメになり、それ以上育たなくなります。また、害虫がつけた傷口から菌が入って病気になることがありますので、できるだけ予防、早期発見に努めましょう。

ソラマメ

皿のように広がる形が楽しい
タアサイ
〈アブラナ科〉

かんたん！
★☆☆

春から秋まで育てることができますが、冬の寒さに当たるとよりやわらかく、甘みが増しておいしくなります。皿状に広がる形が特徴ですが、暖かい時期の栽培では立ち上がります。

適したコンテナ

大きさ	中 小	形	□ ◡ ▽

栽培カレンダー（関東標準）　発芽適温 15～25℃

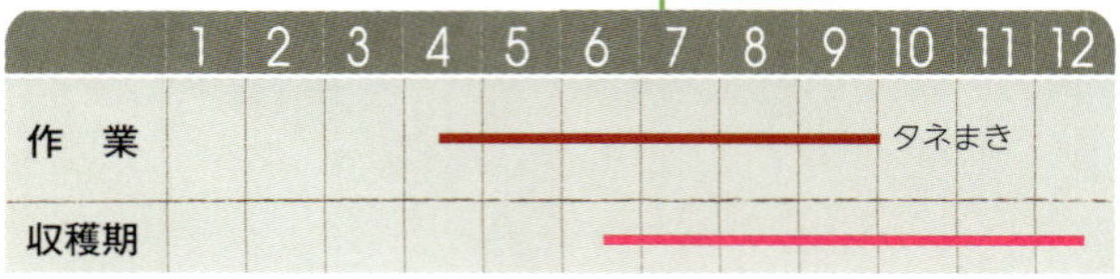

	1	2	3	4	5	6	7	8	9	10	11	12
作業				━	━	━	━	━	━	━			タネまき
収穫期					━	━	━	━	━	━	━	━

作り方Point
* 直まきもできるが、育苗中は害にあいやすいので、ポットにまくとよい。
* 夏の間は涼しくし、乾燥に注意する。

タネまき
重ならないようにまく

タアサイのタネ。タネが細かい。

1 3号育苗ポットに培養土を入れます。ビンの底などでへこませ、まき穴を作ります。（5mmほどへこませる）

2 まき穴にタネをまきます。

3 5粒ずつまきます。タネが重ならないようにしましょう。（タネを重ねない）

4 培養土をかぶせます。かぶせすぎないように、移植ごてなどに土を乗せます。

5 少しずつ土をかぶせて、薄くかぶせます。

6 上から軽く押さえて、タネと土を密着させます。シャワー状の水を与えます。発芽したら、生育のよい2本にします。

植えつけ 深さのあるコンテナを使い、たっぷりの土で植えつける

1 本葉5〜6枚になったら植えつけます。

2 苗をポットから取り出します。（7分目の高さまで培養土を入れておく）

3 2株育っているので、それぞれに分けます。

4 無理に引っ張らないようにします。（できるだけ均等に）

5 胚軸が埋まるように植えます。（ここまで埋める／胚軸）

6 コンテナの中央に植え穴を掘ります。

7 苗を入れます。

8 周囲の土を寄せて植えつけます。

9 周囲を押さえ、落ち着かせます。

10 子葉より上を埋めないようにしましょう。

11 鉢底から流れ出るまで水を与えます。

収穫 直径20cmくらいになったら

1 葉の広がりが直径20cm程度になったら、収穫します。

2 包丁で胚軸部分から切ります。

3 葉を折らないようにしましょう。

寒さに当たると、より甘みが増します。

追肥 様子を見て

植えつけ2週間後くらいから、成長の様子を見ながら、薄めの液肥を定期的に施します。濃度や頻度は、パッケージに従いますが、薄めの方が失敗がありません。胚軸が出てきたら、増し土します。

病気・害虫 食害に注意

おいしい葉は、アオムシやヨトウムシにとっても好物です。こまめに観察して、被害を見つけたら、すぐに捕らえて処分します。病害虫は、カリフラワー（P48）を参照してください。

タアサイ

中国タイコン

コンテナでも育つ品種を選んで
ダイコン
〈アブラナ科〉

かんたん！
★☆☆

種類や品種が豊富なので、根が短く、コンテナでも育てられる品種を選んで育ててみましょう。秋まきすると、病害虫の心配が少なく、初心者でも簡単です。

適したコンテナ

大きさ　大　中　小　　形

栽培カレンダー（関東標準）　発芽適温 15～30℃

	1	2	3	4	5	6	7	8	9	10	11	12
作業							タネまき					
収穫期												

作り方Point
* 明るい日陰（P193参照）でも栽培できる。
* タネはやや多めにまき、間引いて育てる。
* 葉が硬く、「す」が入る前に収穫する。

タネまき
すじまきか点まきにする

中国ダイコンのタネ。市場に出回るのは少なめなので、通販などで早めに購入するとよいでしょう。

1 培養土を入れ、中央にまき溝をつけます。

2 タネが重ならないようにまきます。

3 周囲の土を寄せて土をかぶせます。厚くならないように注意します。

4 手のひらで押さえて、タネと土を密着させます。水を与えます。

間引き1
葉が重なり合わないように

発芽が揃ったら、隣の株と葉が重なり合わないように、間の株を間引きます。茎が細いもの、葉の形が悪いもの、他に比べて生育が悪いものなどから間引きましょう。抜き取るか、ハサミで根元から切ります。

増し土　胚軸を埋める

1 胚軸（子葉の下、根までの部分）が出ていたら培養土を足します。

2 成長点を埋めないようにします。土は平らにならしておきます。

間引き2　本葉4〜5枚

1 本葉4〜5枚で2回目の間引きをします。

2 他と比べて生育が悪いものを抜き取ります。

3 中国ダイコンは、株間5cmにします。

4 間引いた葉は、スープの具などに利用しましょう。

追肥　2回目の間引きが終わったら

第2回目の間引きをしたら、液肥などで追肥をします。薄めの肥料を定期的に施します。

⚠ 病気・害虫　アオムシなどの食害に注意

アブラナ科は、アオムシなどの食害に注意します。また、シンクイムシに新芽を食べられると、成長しなくなるので、新芽部分もよく注意して見ましょう。シンクイムシは小さく見つけにくいので、被害を見つけたら早期にその株ごと処分します。病気・害虫は、カリフラワー（P48）を参照してください。

Advice 10号の深めの鉢を使えば、根が長い品種でも育てることができます。

品種 'エベレスト'

収穫　大きく育ったものから

1 根が太り、プランター内で窮屈そうです。

2 根がよく太ったものから抜きます。

3 抜いたあとは埋め戻し、残りの株を育てます。

ダイコン

ベビーオニオンがおすすめ
タマネギ
〈ユリ科〉

かんたん！
★☆☆

普通サイズのタマネギも作れますが、ベランダなどでの栽培は小型のベビーオニオンがおすすめです。タマネギの栽培はやや難しいですが、苗から育てると比較的簡単です。

適したコンテナ
大きさ 中 小

栽培カレンダー（関東標準）　生育適温 15〜25℃

	1	2	3	4	5	6	7	8	9	10	11	12
作業										植えつけ		
収穫期												

作り方Point
* 初心者は苗から育てると比較的簡単。
* コンテナではやや小型の品種を選ぶ。
* 追肥も兼ねて増し土して育てる。

植えつけ　苗を5cm間隔に置き、根が隠れる程度に土に埋める

1 草丈が10〜15cmくらいになったら植えつけます。タネから育てる場合は、2ヶ月くらいかかります。

2 60cm幅のプランターを用意します。プランターの7分目くらいまで培養土を入れます。中央に溝を作ります。
（この部分／苗の下部が埋まるくらいの深さの溝）

3 苗をポットから取り出します。

4 根を傷めないように根鉢をほぐして、1株ずつに分けます。無理に根を引っ張らないようにしましょう。

5 1本ずつにしたら、極端に生育が遅れているものや、葉は変形しているもの、弱々しい株は外します。

6 溝に、苗を5cm間隔で置いていきます。大型の品種の場合は15cm間隔にします。

98

7 苗を並べ終わりました。根は、広げておきます。 （寝かせたまま植えてよい）

8 手前の土を、根が隠れる程度にかぶせます。厚いと根腐れすることがあります。（根が隠れる程度）

9 鉢底から流れ出るまで水を与えます。寝ている苗も成長によって自然に起き上がります。

管理・増し土 成長に合わせて増し土をする

1 植えつけから1ヶ月程度。少し、根元が太ってきました。

2 枯れた葉は取り除きます。下向きに引っ張ると取れます。

3 枯れた葉や雑草はこまめに取りましょう。

4 成長点を埋めないように、増し土します。（成長点／ここまで土を入れる）

5 培養土を足し入れます。肥料入りなので、追肥も兼ねます。

6 培養土を入れたら、表面は平らにならしておきます。

収穫 肥大部の上を持って引き抜く

ベビーオニオンは直径4㎝程度で収穫です。肥大部の上を持って、引き抜きます。

病気・害虫 黒色のアブラムシが発生

	名称	症状／被害	対策
病気	べと病	株全体の色が悪くなり、灰色のカビが生えてきたり、斑点ができる。	株間を適切にとって予防する。チッ素肥料を控え、発症した株は処分。
害虫	アブラムシ	成長点近くに黒色の小さな虫が群がって汁を吸う。	紙を広げた上に、筆などを使って払い落とす。
害虫	アザミウマ	小さな虫が葉を食害し、被害を受けた葉ははかすれたようになる。	苗を購入するときによく確認する。根元にホイルなどを敷いて予防する。
害虫	タネバエ	葉の中などに幼虫が入り込み、食害する。	未熟な有機質肥料を用いると発生しやすくなるので、注意する。

タマネギ

99

初心者にぴったりな育てやすい野菜

チンゲンサイ

かんたん！
★☆☆

〈アブラナ科〉

とても丈夫で育てやすく、時期をずらしながらタネまきすれば、長期間収穫を楽しむことができます。コンテナで育てやすいミニチンゲンサイなら、使い切りサイズです。

適したコンテナ

大きさ 中 小　形

栽培カレンダー（関東標準）　発芽適温 15〜25℃

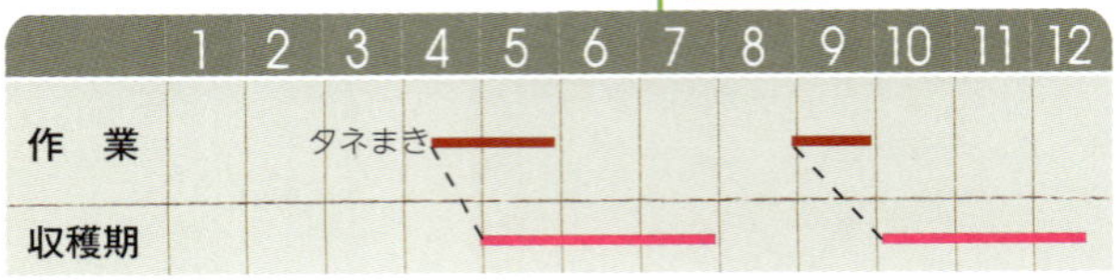

	1	2	3	4	5	6	7	8	9	10	11	12
作業				タネまき								
収穫期												

作り方Point
* すじまきにして、間引きながら育てる。
* 胚軸が出てきたら増し土する。
* アブラムシやアオムシに注意する。

タネまき
すじまきして、土を薄くかぶせる

チンゲンサイのタネ。比較的細かい。

1 培養土を8分目まで入れ、まきすじを作ります。（30cmプランター）

2 できるだけタネが重ならないようにまきます。

3 周囲の土をかぶせます。厚くならないようにしましょう。（薄くかぶせる）

4 手のひらで押さえて、タネと土を密着させます。シャワー状の水を底から流れ出るまで与えます。

追肥
定期的に追肥する

収穫期間が短いので、それほど肥料は必要ありませんが、コンテナ栽培は、水やりで肥料分が流れてしまうので、定期的に追肥します。最初の間引き後くらいから、薄い液肥を施します。増し土をしたときは、培養土に肥料分があるので、肥料やりを休みます。

間引き1　発芽が揃ったら、隣の株と葉が重なり合わないようにする

1 発芽が揃ったら、間引きをします。

2 間引く株は、根元からハサミで切ります。

3 隣の株と葉が重ならないようにしましょう。

間引き2　込み合う部分を抜き取り、日当たりと風通しをよくする

1 込み合ってきたら、間引きます。

2 根元の土を押さえて、引き抜きます。ハサミで切ってもよいです。

3 枯れた葉などは取り除きます。

4 間引いた株は、根を取って、料理に利用しましょう。

葉が重ならないように

増し土　子葉の下まで土を入れる

1 胚軸（子葉の下、根までの部分）が埋まるように土を足します。

2 この後も、土が下がってきたら、土を足すとよいでしょう。

胚軸／子葉

収穫　育った株から収穫する

1 株が育って、込み合ってきたら、生育のよいものから収穫して利用します。

2 根元をハサミで切って収穫します。

必要に応じて収穫できます。

病気・害虫
アブラムシに注意

新芽や葉のつけ根、裏などにアブラムシが発生したら、払い落とします。アオムシが発生しやすいので、よく確認しましょう。

※病気・害虫については、カリフラワー（P48）、コールラビ（P59）を参照。

チンゲンサイ

夏の間もずっと収穫できる
ツルムラサキ
〈ツルムラサキ科〉

かんたん！
★☆☆

夏の暑さに大変強く、グングン成長します。コンテナでは、支柱を立てて、アサガオのようにつるを誘引して育てます。茎が赤紫色の他、緑色の品種もあります。

適したコンテナ

| 大きさ | 中 小 | 形 | □ ◯ ◯ |

栽培カレンダー（関東標準）　生育適温 25～30℃

	1	2	3	4	5	6	7	8	9	10	11	12
作業							植えつけ					
収穫期												

作り方Point
* 摘心を兼ねて収穫し、わき芽を伸ばして収穫量を増やす。
* つるはときどき整理する。

植えつけ　根鉢を崩さずに

1 ポットいっぱいまで育った株を植えつけます。5号ポットを用意します。

2 3分目の高さまで培養土を入れます。

3 苗をポットから取り出します。

4 根鉢は崩さずに、鉢の中央に置きます。

5 苗の土の表面に少し土がかぶる程度まで入れます。

6 平らにならします。

7 市販の支柱を立てます。つるは外側を通します。

8 つるを、ひもやビニールタイなどで、支柱に結びます。

9 植えつけ後は鉢底から流れ出るまで水を与えます。

摘心　茎の先端を切る

1 新芽を収穫するので、わき芽が伸びるように、先端を切ります。

2 葉のつけ根からわき芽が伸びます。

増し土・追肥　成長に合わせて土を足していく

1 生育が悪くなってきたら、根がいっぱいなので、根を張るスペースを作ります。

2 新しい培養土を入れて、増し土します。

3 培養土には肥料を混ぜて、追肥も兼ねます。

4 1回の量は2～3cmの厚さにして、生育に合わせて増し土しながら育てます。

収穫　茎の先端を摘み取るか、葉を取る

1 わき芽が育ってきたら、茎の先端を15～20cm程度切って収穫します。

2 新芽を収穫することで、次のわき芽が伸びて、再び収穫できます。

3 葉を1枚ずつ収穫することもできます。

4 必要に応じて収穫しましょう。

⚠ 病気・害虫　ほとんど心配ない

大変丈夫なので、病気や害虫の心配はほとんどありません。日照不足や水不足などで株が弱ると、被害を受けることもありますので、株を弱らせないように、手入れしましょう。

ツルムラサキ

103

秋に色づく実は彩りにもなる
トウガラシ
〈ナス科〉

かんたん！ ★☆☆

病害虫に強くて育てやすく、また秋に色づく実がカラフルで、目を楽しませてくれます。実が熟してから収穫しますが、若い実のうちに収穫することもできます。

適したコンテナ

大きさ 大 中　形

栽培カレンダー（関東標準）　生育適温 20〜30℃

	1	2	3	4	5	6	7	8	9	10	11	12
作業						━植えつけ						
収穫期												

作り方 Point
* 増し土する分を考慮して植えつける。
* 大きなコンテナで育てるほうがよく育つ。
* 支柱を立てて茎を支えるとよい。

🌱 植えつけ
気温が十分に暖かくなってから、あらかじめ支柱を立てた大きめの鉢に植える

1 シシトウと同様に、高温を好む野菜なので、気温が十分に暖かくなってから植えます。

2 8号以上の鉢に、支柱を2本立てて、固定します。培養土を6分目まで入れます。

3 茎の根元を指の間に挟むようにして持ち、苗を裏返すようにして、ポットを取ります。

4 用意した鉢の中央に置きます。培養土を足し入れます。

5 植えつけ後、土が鉢の8分目くらいになるようにします。

6 仮支柱を斜めに挿し、茎を結んで固定します。きつく締めないようにしましょう。

7 全体にまんべんなく、鉢底から水が流れ出るまで水を与えます。

管理　枝の分かれ目よりも下のわき芽は取る

1 第1果の下で、自然に枝分かれするので、それよりも下にあるわき芽は取ります。

（ここから枝分かれする／これらのわき芽は取る）

2 茎を軽く押さえ、わき芽をつまんで取ります。

3 実などに養分を回すためにも、わき芽は早めに取りましょう。

4 分かれ目の下あたりに、横支柱をつけます。

5 横支柱にひもを結びつけ、枝に回して、縛ります。（余裕を持たせて縛る）

6 作業後。枯れた葉があったら、取り除きましょう。

追肥　小さじ1杯程度を縁近くにまく

1 植えつけ2〜3週間後に、追肥します。粒状有機配合肥料などを鉢の縁近くにぐるっとまきます。（小さじ1杯程度）

2 コンテナのあきスペースの半分くらいまで、培養土を入れます。

3 生育の様子を見ながら、その後も追肥と増し土をします。

※病気・害虫については、ピーマン（P147）を参照。

収穫　実の茎のつけ根から切る

未熟果を収穫する場合は、夏の間に、育ったものから収穫します。

完熟果を収穫する場合は、秋になって、赤色に熟した実から収穫します。あるいは、株全体の実が赤色に熟してから、株ごと収穫します。

トウガラシ

105

コンテナでも育てられるヒメトウガン
トウガン
〈ウリ科〉

かんたん！
★☆☆

「冬瓜」と書きますが、冬の野菜ではなく、夏に収穫できます。大きなものは無理ですが、ヒメトウガンならコンテナでも育てられます。十分に暖かくなってから苗を植えつけます。

適したコンテナ

大きさ　大　　　形

栽培カレンダー（関東標準）　生育適温 20〜30℃

	1	2	3	4	5	6	7	8	9	10	11	12
作業							植えつけ					
収穫期												

作り方Point
* 十分に暖かくなってから植えつける。
* 根元近くの茎を深く埋めない。
* 水はけのよい土で植えつける。

Advice
トウガンは、人工授粉しなくても実がなりますが、気温が低いときには、人工授粉したほうがよいでしょう。

植えつけ
水はけのよい土で浅めに植える

1 本葉4〜5枚で植えつけます。寒さに弱いので、暖かくなってから植えましょう。

2 10号鉢に3本支柱を立てて固定し、7分目まで土を入れます。

3 本葉が4〜5枚になったら摘心して、わき芽を伸ばします。（先端を摘み取る）

4 苗をポットから取り出します。根鉢を崩さないように植えつけます。（根鉢）

5 用意したコンテナの中央に置きます。

6 培養土を入れて植えつけます。根元の茎を深く埋めないように注意しましょう。

106

7 苗の土の高さまで培養土を入れたら、平らにならします。

8 根が張るまで、仮支柱を立てて支えます。

9 シャワー状の水で、たっぷり水を与えます。

追肥
定期的に与える
植えつけ後2週間ほど経ったら追肥をします。薄めの液肥を2～3週間ごとに施します。

誘引
支柱の外側につるを回す
つるが伸びてきたら、誘引します。重くなった実を支えるために、鉢に固定した支柱に、横支柱をつけます。つるを支柱の外側に回して、雌花を支える位置でひもで固定します（キュウリP53参照）。

横支柱

⚠ 病気・害虫　ハモグリバエの被害

	名称	症状／被害	対策
病気	疫病	葉や茎に黒褐色の斑点ができ、やがてカビが発生する。	発症した鉢は処分する。
	うどんこ病	葉や茎の表面に白い粉をまぶしたようなカビが発生し、株が弱る。	チッ素肥料を控えめにし、日当たり、風通しよくし、株を弱らせないようにする。
害虫	アブラムシ	体長1mm程度の小さなムシが新芽や葉の裏などに群生して汁を吸う。	紙を広げた上に、筆などを使って払い落とす。
	ハダニ	葉裏などに群生し、植物の汁を吸い、被害を受けた葉はかすれたようになる。	ときどき、葉の裏側を洗うようにして予防する。極端に乾燥させないようにする。
	ハモグリバエ	葉の中に幼虫が入り込み、葉の中を食害。被害を受けた葉には、食害あとの白い線がつく。	被害を受けた葉ごと処分するか、葉の中の幼虫やさなぎを葉の上から潰す。
	アザミウマ	小さな虫が葉や花を食害して、被害を受けた葉はかすれたようになる。	購入時によく苗の状態を確認する。鉢土にホイルなどを敷いて予防する。

収穫
白い粉が全体についたら

1 実が大きくなって、全体に白い粉がついたら、収穫します。

2 へたの上からハサミで切ります。

3 洗うと、表面の毛と粉が取れて、ツヤツヤになります。

トウガン

トウモロコシ
つややかな黄色の実が夏の味覚に欠かせない

〈イネ科〉

ふつう ★★☆

中南米原産で、高温と強い日差しを好む野菜です。大きな鉢で、たっぷりの日差しで育てるのが成功のコツ。1鉢に1本なので、数多くは収穫できないのが残念ですね。

適したコンテナ
| 大きさ | 大 | 形 | 箱型・鉢型 |

栽培カレンダー（関東標準） 生育適温 22〜30℃

	1	2	3	4	5	6	7	8	9	10	11	12
作業					鉢上げ	植えつけ						
収穫期								━				

作り方Point
* 苗が小さい場合は、鉢上げして育苗する。
* できるだけ日当たりよく育てる。
* 開花後に水を切らさないようにする。

鉢上げ
2号ポットの苗は畑栽培用。ひとまわり大きいポットに植え替えて育苗

1 2号ポットの苗。畑では、この大きさで植えてもよいですが、コンテナ栽培では、根の張り方が悪くなるので、ひとまわり大きいポットに植え直します。

2 3.5号ポットを用意します。

3 培養土を入れます。

4 苗をポットのまま入れてみて、植えつけ後の高さを確認します。

5 苗の茎を指の間で挟むようにして持って支え、苗を返して、ポットから取り出す。

6 ポットから取り出しました。（根鉢）

7 根鉢を崩さないように、用意したポットに入れます。

8 土が崩れないように、そっと入れましょう。

9 中央に置きます。

10 培養土を入れて、植えつけます。

11 ポットの左右を持って、軽く打ち付け、土を落ち着かせます。

12 根元を押さえて、苗を落ち着かせます。

13 ポットの上から1cm程度のスペースをあけておきましょう。

14 シャワー状の水を与えます。

植えつけ
ポットの底から根が出てきたら、育てる容器に植えつける

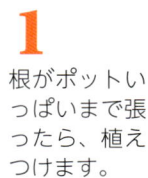

1 根がポットいっぱいまで張ったら、植えつけます。

2 10号鉢を用意します。鉢の5～6分目まで培養土を入れます。

3 ポットから取り出します。

4 用意したコンテナの中央に置きます。

5 少し深く植えることで、不定根（次ページ参照）を出させて、株をしっかりとさせます。

ここまで埋める

6 培養土を足し入れます。

トウモロコシ

7 茎の下部が埋まる高さまで土を入れます。

8 苗が定着するまで、仮支柱を立てて支えます。

9 鉢土全体に行き渡るように水を与えます。

🪴 増し土・追肥　不定根が隠れるように土を足す

← 雄花

1 畑での栽培に比べて葉の数が少なめです。花を咲かせるまで成長しました。

2 仮支柱を取ります。

不定根

3 不定根が出ているので、隠れるまで土を足し入れます。

4 小さじ1杯程度の肥料を鉢の縁近くにぐるっとばらまきます。

5 培養土を足し入れます。

6 鉢のあきスペースの半分くらいの高さまで、土を足し入れます。

収穫　ひげが枯れてきたら、もぎ取って収穫する

1 ひげが枯れてきたら、収穫の適期です。（枯れてきたら収穫）

2 実を持ち、下に向けてもぎ取ります。

3 実のきれいに詰まったトウモロコシが収穫できました。

病気・害虫
雨が当たらない場所に移動して病気の発生を予防

	名称	症状／被害	対策
病気	すじ萎縮病（いしゅく）	葉が上向きにまくれ上がり、葉の裏側や包葉の表面に白色〜赤褐色のすじが現れる。	ウイルスを媒介するヒメトビウンカを駆除する。ベランダでは被害は少ない。
病気	倒伏細菌病（とうふくさいきん）	主に穂に光沢のある白色のコブができ、やがてコブから黒色の粉状の胞子を飛ばす。	発症した株は、コブが破れて黒色の胞子が飛散しないうちに処分する。
病気	苗立枯病（なえたちがれ）	地面に近い部分が腐り、株がしおれて枯れる。	清潔な培養土で植えつけ、風通しをよくする。
害虫	アブラムシ	体長1mm程度の小さなムシが新芽や葉の裏などに群生して汁を吸う。	紙を広げた上に、筆などを使って払い落とす。
害虫	アワノメイガ	幼虫が葉や茎、実の内部に入り込んで食害する。	茎や実の穴からふんが出てきたら見つけて処分する。
害虫	アワヨトウ	成虫が葉の裏などに産卵し、ふ化した幼虫が、葉や実などを食害する。	被害を見つけたら、見つけて処分する。
害虫	ネキリムシ	昼間は土の中に潜み、夜間に活動して地面に近い茎を食害する。	食害された周囲を掘って害虫を探し、見つけ次第捕らえて処分する。

HELP!

＊実が揃わない

実が、きれいに並ばずに、ところどころ抜けたようになって、大きさも不揃いになることがあります。これは、開花後から収穫期の間に水不足になったことが原因です。コンテナ栽培では、夏の期間はとくに乾燥しやすいので、朝と晩に土の状態を見て、土の表面が乾燥していたら、鉢底から流れ出るまで、たっぷりと水を与えるようにしましょう。

＊実がならない

受粉がされていないかもしれません。花が咲いたら、頂上にある雄花を取って、雌花の上でポンポンと叩きましょう。

トウモロコシ

111

赤色の実が熟すのが楽しみ
トマト（ミディトマト）

〈ナス科〉

かんたん！ ★☆☆

強い日差しと、昼夜の寒暖差がある気候を好みます。乾燥に強く、多湿の環境では病気が発生しやすいのですが、多湿になりにくいコンテナ栽培では、その心配がありません。

適したコンテナ
大きさ：大
形：□ ○

栽培カレンダー（関東標準）　生育適温 25℃前後

	1	2	3	4	5	6	7	8	9	10	11	12
作業						植えつけ						
収穫期												

作り方Point
* 大きなコンテナに、たくさんの土で育てる。
* わき芽を取って、養分を集中させる。
* 雨が当たらない場所で管理する。

植えつけ
やや深めに植える

1 最初の花が咲く前後が植えつけ適期です。

2 支柱を立てた鉢に培養土を5分目まで入れます。（5分目まで土を入れる）

3 苗をポットから取り出します。

4 用意したコンテナの中央に置きます。

5 培養土を足し入れます。

Advice
トマト、キュウリなどの実がなる野菜やつる性野菜は、あらかじめ鉢に支柱を固定しておきましょう。

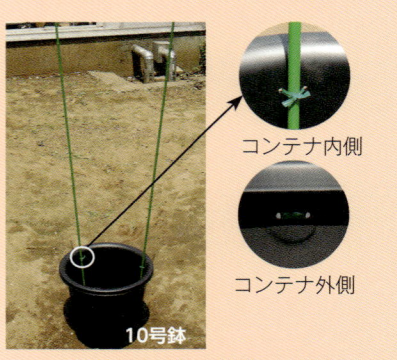

コンテナ内側
コンテナ外側

10号鉢

ここでは10号の菊鉢を使用。支柱を固定する穴があるなど、支柱を立てやすいように考慮されているので便利です。プラスチック製の鉢なら、ドリルなどで穴をあけましょう。

菊鉢
支柱の先端を固定
あらかじめ穴がある
鉢底穴が多数あり、水はけ面でも理想的

6 7分目の高さに仕上げます。

7 根元が少し埋まる程度にします。

8 仮支柱を立てます。

9 斜めに挿します。

10 茎にひもを回し一度交差させます。

11 仮支柱に結びつけます。

12 鉢底から流れ出るまで水を与えます。

13 葉はぬらさないようにします。

わき芽取り　第1花房よりも下のわき芽は取る

1 第1花房より下にあるわき芽は取って、主枝に養分を回します。

2 葉のつけ根にあるのがわき芽です。手で折り取ります。

3 根元近くにあるわき芽も忘れず、取りましょう。

Advice
第1花房よりも下のわき芽は取り、主枝1本仕立てにしますが、第1花房すぐ下のわき芽は強いので、残して2本立てにする方法もあります。

このわき芽を残して、2本仕立てに
第1花房

誘引1　第1花房の下で縛る

1 支柱に届くまで茎が育ったら誘引します。最初に縛る位置は、第1花房の下にします。

2 まだ茎が太るので、余裕を持たせて縛りましょう。

トマト

誘引2　無理に枝を曲げず、少しずつ慣らしながら曲げて支柱に結ぶ

成長するまでは伸ばしておく

無理をせずに曲がる位置まで曲げる

1 無理せず曲がる位置まで曲げる。

2 葉の下あたりで縛ります。

枝を無理に曲げると折れてしまうので、無理せず届く長さに育つまで待ち、少しずつ曲げて癖をつけるようにします。

枯れ葉取り
枯れた葉は折り取る

1 枯れた葉があります。放置すると病気の原因にもなりますので、取ります。

2 葉のつけ根近くを持ちます。

3 葉を持った手を下に下げて折ります。必ず、晴れた日に、手で折り取りましょう。

追肥・増し土
成長に合わせて増し土する

1 植えつけ2週間後から2〜3週間に1回追肥します。粒状有機配合肥料を小さじ1杯、鉢の縁近くにぐるりとまきます。

2 培養土を足し入れます。

3 8分目まで土を入れます。成長に合わせて、新しい根を張るスペースをつくるように、増し土します。

摘心　支柱の高さまで伸びたら、先端を折る

1 支柱の高さまで育ったので、先端近くの葉のつけ根近くで摘心します。

2 折る位置をつまみ、折り取ります。しおれていると、うまく折れないので注意。

3 傷口が早く乾くように、晴れた日に作業しましょう。

Advice
トマトは、傷口からウイルスが侵入して病気になりやすいので、摘心や枯れ葉取り、実を取るなどの作業のときには、晴れた日にしましょう。晴れた日なら傷口が乾燥して早くふさがります。また、ハサミに病原菌がついて病気になることがありますので、できるだけハサミは使わないようにしましょう。

収穫　手でもぎ取って収穫する

1 全体が赤色に熟したら収穫します。

2 へたのふくらみに親指を置きます。親指を支点に持ち上げるようにすると取れます。

3 順次収穫しましょう。

病気・害虫　傷口からウイルスが侵入しないようにして予防する

	名称	症状／被害	対策
病気	モザイク病	葉や株全体が萎縮したようになる。ウイルスが原因。	ウイルスを媒介するアブラムシなどを防除する。発病した鉢は処分する。
	萎凋病 半身萎凋病	葉が黄変して萎縮し、上の葉に伝染する。糸状菌が原因。	治療は困難なので、発症した鉢は処分する。
害虫	アブラムシ	体長1mm程度の小さなムシが新芽や葉の裏などに群生して汁を吸う。	紙を広げた上に、筆などを使って払い落とす。
	ハダニ	葉裏などに群生し、植物の汁を吸い、被害を受けた葉はかすれたようになる。	ときどき、葉の裏側を洗うようにして予防する。極端に乾燥させないようにする。
	ハモグリバエ	葉の中に幼虫が入り込み、葉の中を食害。被害を受けた葉には、食害あとの白い線がつく。	被害を受けた葉ごと処分するか、葉の中の幼虫やさなぎを葉の上から潰す。

トマト

初心者にはこちらがおすすめ
ミニトマト
〈ナス科〉

かんたん！
★☆☆

ミニトマトはほとんど手間がかかりません。初心者にはこちらがおすすめです。草丈が50cmくらいにしかならない矮性種もあります。

適したコンテナ

大きさ **大** **中** 　形 🪴

栽培カレンダー（関東標準）　生育適温 25℃前後

	1	2	3	4	5	6	7	8	9	10	11	12
作業							植えつけ					
収穫期												

作り方Point
* 深さのある大きなコンテナで育てる。
* 成長に合わせて増し土をする。
* 枝を切るときは、晴れた日に手で作業。

🌱 植えつけ
最初の花が咲く頃に、低めに植えつける

1 最初の花が咲く頃前後が植えつけ適期です。

2 トマト（P112）と同様に鉢を準備します。苗を中央に置きます。
（5分目まで培養土を入れる）

3 苗の土の表面より少し土がかぶるくらいに、培養土を入れて植えつけます。

4 仮支柱（P113参照）をして苗を固定し、水をたっぷり与えます。
（スペースを広くとっておく）

✂ わき芽取り
手で摘み取る

葉のつけ根から出てくるわき芽は、早めに摘み取って、主枝を充実させましょう。下にあるわき芽も忘れずに取ります。

Advice
タバコに潜むウイルスによって、病気にかかることがあります。喫煙者は、トマト類の手入れをする前に、手をよく洗いましょう！！

追肥・増し土　第1果房の実がついたら

1 第1果房の実がついたら、追肥を開始します。

2 1回の量は小さじ1杯程度。リン酸が多めの肥料がよいでしょう。その後は、2～3週間に1回施します。

3 子葉があったあたりまで土を足し入れます。

Advice 乾燥を好むので、土の表面が完全に乾くまで待ってから水やりをしましょう。

誘引　折らないように

茎の成長に合わせて、支柱に誘引します。無理に曲げて、茎を折らないようにします。

摘心　支柱の高さにする

1 支柱よりも高く育ったら、その分は摘み取ります。

2 手で折り取ります。主茎を摘心した段階で、これ以上成長させないようにします。

収穫　茎のふくらみから摘み取る

1 完熟したら、収穫します。茎のふくらみに親指を当てます。

2 上に持ち上げると、簡単に取れます。

⚠ 病気・害虫　大玉よりも被害は少なめ

トマト（P115）と同様の病気・害虫に注意が必要ですが、比較的病気にかかりにくく、心配は少ないでしょう。ウイルスを媒介するアブラムシ、コナジラミ類などに注意します。

ミニトマト

大きなコンテナで育てるのが成功のコツ

ナス
〈ナス科〉

ふつう ★★☆

長期間収穫できる夏野菜です。水を好み、乾燥が苦手ですが、多湿の環境も苦手です。水はけ、通気性のよい土で植えつけ、こまめに水やりをしながら育てましょう。

適したコンテナ

大きさ　大　　形

栽培カレンダー（関東標準）　生育適温 25℃前後

	1	2	3	4	5	6	7	8	9	10	11	12
作業						植えつけ						
収穫期												

作り方Point
* 水はけ、通気性のよい土で植えつける。
* 乾燥させないように水やりする。
* 肥料を切らさないようにする。

植えつけ
大きな容器に深植えにならないように植えつける

Advice 生育不足になると、花のめしべが短くなります。生育状況の目安にしましょう。

1 本葉6〜8枚で植えつけます。下葉が落ちていないものを選びます。

2 10号鉢を用意して支柱を立て、5〜6分目の高さまで培養土を入れます。

3 根元の茎を指で挟むようにして持ち、苗を返してポットから取り出します。

4 根鉢を崩さないようにしましょう。（根鉢）

5 コンテナの中央に苗を置きます。

6 培養土を足し入れます。

7 土を入れたら、株の周囲を軽く押さえて落ち着かせます。

8 根が張るまで、仮支柱を立てておきます。

9 茎にひもを回します。

10 仮支柱にひもを結びつけます。

11 植えつけの完成。

12 鉢底から流れるまで水を与えます。

✂ わき芽取り　第1果のすぐ下のわき芽よりも下から出るわき芽をすべて取る

1 第1果の下の側枝だけ残して、他は取ります。

残す／第1果の跡／主枝／取る

2 下の方にあるわき芽も取りましょう。

3 黄変した葉は取り除きます。

第1側枝／主枝

4 主枝と第1側枝の2本立てにしました。

●わき芽取りの方法と効果

1 葉のつけ根にあるのがわき芽です。わき芽を取ることで、養分を主枝と残す側枝に回します。

わき芽／葉

2 わき芽を手で摘み取りました。日当たりと風通しもよくなります。

わき芽のあと

ナス

追肥・増し土　1回に小さじ2杯にする

1 最初の実がふくらみ始めたら、追肥を開始します。1回に施すのは、小さじ2杯程度です。

（5-8-5などリン酸が多めの肥料がよい）

2 子葉があった位置まで培養土を足し入れます。

3 この後2〜3週間ごとに追肥します。

若取り　最初の実はまだ若いうちに収穫して、株への負担を減らす

1 最初の実がなる頃は、まだ株が若く、充実していないので、早めに収穫して株への負担を減らします。

2 へたの上で切ります。

3 若取りしても、料理に利用できます。

誘引　葉のつけ根の下にひもを引っかけるようにし、余裕を持たせて縛る

1 支柱に縛る位置を決め、支柱にしっかりとひもを結びつけて固定します。

（しっかりと固定）

2 節（葉のつけ根）の下にひもを回します。

3 茎を傷めないように、余裕を持たせて縛ります。

4 節で縛れば、実の邪魔になりませんし、安定します。

5 他の枝も同様にして、支柱に誘引します。

管理　実より1〜2枚上の葉のつけ根近くで切る

1 実をつけた枝は、実より1〜2枚上の葉のつけ根近くで切り、わき芽を1本伸ばします。

2 残す葉の上で切ります。

3 果実の下のわき芽を伸ばします。

4 他の枝も同様にします。生育の悪い枝は取りましょう。

収穫　大きく育ったものから

1 大きく育ったものから、実の茎のつけ根近くをハサミで切ります。

2 へたのすぐ上で茎を切り取り、他の実を傷つけないようにします。

病気・害虫　ハダニの発生に注意

	名称	症状／被害	対策
病気	モザイク病	葉や株全体が萎縮したようになる。ウイルスが原因。	ウイルスを媒介するアブラムシなどを防除する。発病した鉢は処分する。
	青枯病（あおがれ）	ある程度の大きさまで育ったときに葉や茎が急にしおれて枯れる。	清潔な培養土で植えつける。発症したコンテナは処分する。
	半身萎凋病（はんしんいちょう）	葉が黄変して萎縮し、上の葉に伝染する。糸状菌が原因。	治療は困難なので、発症した鉢は処分する。
害虫	アブラムシ	体長1mm程度の小さな虫が新芽や葉の裏などに群生して汁を吸う。	紙を広げた上に、筆などを使って払い落とす。
	アザミウマ	体長2mm程度の小さな虫が葉、ガク、果皮を食害してかすり状の傷をつける。	購入時に害がないかよく確認して購入する。鉢土の表面にアルミ箔などを敷いて予防する。
	ニジュウヤホシテントウ	全体が朱赤色で多数の黒い斑点がある丸い甲虫。幼虫も成虫も葉を食害し、被害を受けた箇所は波模様が残る。	見つけ次第、捕らえて処分する。
	ハダニ	葉裏などに群生し、植物の汁を吸い、被害を受けた葉はかすれたようになる。	ときどき、葉の裏側を洗うようにして予防する。極端に乾燥させないようにする。

ナス

病害虫がなくて育てやすい

ニガウリ

〈ウリ科〉

かんたん！
★☆☆

健康野菜として人気が高まり、年々品種も多くなっています。暖かい気候を好むので、十分に暖かくなってから植えつけます。日差しが強い窓辺などの日よけとしても活用できます。

適したコンテナ

大きさ　大　中　　形

栽培カレンダー（関東標準）　生育適温 25～30℃

	1	2	3	4	5	6	7	8	9	10	11	12
作業						植えつけ						
収穫期												

作り方 Point
* 摘心してわき芽を伸ばす。
* 暖かくなってから植えつける。
* チッ素肥料を控える。

雌花

植えつけ
本葉7～8枚で摘心して、枝数を増やす

1 本葉7～8枚くらいで、暖かくなってから植えます。

2 先端を取り、わき芽を伸ばすようにします。（わき芽）

3 先端を摘みます。

4 切り口をつぶさないように摘み取ります。

5 10号鉢に支柱を3本固定します。コンテナの7分目まで土を入れます。苗のポットを外します。

6 根が適度に鉢いっぱいに育っています。（根鉢）

7 根鉢を崩さずに鉢の中央に置き、培養土を足し入れます。

8 株の周囲を押さえて苗を落ち着かせます。

9 仮支柱を、根鉢を避けて斜めに挿します。

10 支柱に苗の茎を固定します。

11 シャワー状の水を与えます。

誘引1　子づるをまとめて支柱の外側に回す

1 2本の子づる（側枝）が伸びています。

2 伸びた子づるをまとめて、支柱に縛る位置を決めます。

3 決めた位置にひもをしっかりと縛り付け、つるをまとめて、緩く縛ります。

4 作業後。

誘引2　成長ごとにつるを支柱の外側に回して縛る

1 さらにつるが伸びてきました。

2 支柱に縛る位置を決めます。

3 支柱にひもを縛って固定し、つるをまとめて縛ります。

ニガウリ

追肥・増し土　胚軸の部分を土に埋めるように、培養土を足し入れる

1 水やりなどで土が下がり、根が出ています。

2 有機配合肥料を小さじ1杯程度、鉢の縁近くに回し入れます。

3 子葉の下まで土を入れます。入れすぎないように注意します。

4 全体に均一に培養土を入れます。この後も生育が悪くなったら、追肥、増し土をします。

管理
枯れ葉は取る

枯れて黄変した葉は、光合成をせず、病気の原因となるので、取ります。

収穫　育ったものから早めに収穫する

1 実が育ってきました。コンテナ栽培ではとくに早めに収穫して株が弱らないようにします。

2 大きく育った実から収穫します。収穫の最後には、完熟させてもよいでしょう。完熟すると実は黄色になり、中のタネが赤色に熟して甘くなります。

3 実の茎をハサミで切って収穫します。

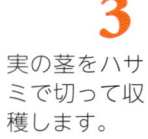

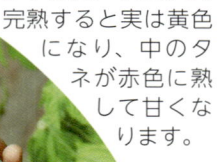

暑さ、寒さはやや苦手
ニンニク
〈ユリ科〉

ふつう ★★☆

丈夫な健康野菜ですが、暑さ、寒さが苦手です。球根の上に新しいニンニクができるので、深く植えます。害虫を除ける効果があるともいわれています。

適したコンテナ
大きさ 中 小　形

栽培カレンダー（関東標準）
生育適温 15〜20℃

	1	2	3	4	5	6	7	8	9	10	11	12
作業											植えつけ	
収穫期					━━	━						

作り方Point
* 球根は深く植える。
* 病気のない球根を植えつける。
* 春に花を咲かせる茎が出たら取る。

植えつけ　深めに植える

1　球根を分球します。
2　うす皮を取ります。（皮はすべて取ります。） 
3　30cmプランターに培養土を3分目くらいまで入れます。
4　2球を、とがった方を上にして置きます。 
5　培養土をかぶせます。 
6　8分目の高さまで入れましょう。 
7　たっぷり水を与えます。 

追肥　冬前と春に

11月に粒状の肥料をひと摘みばらまきます。春になったら、粒状の肥料を月1回施すか、液肥で定期的に施します。春に花を咲かせる茎が伸びてきたら取り、花を咲かせないようにします。

収穫　葉先が枯れたら

5〜6月に、葉先の3分の2くらいが枯れてきたら収穫します。風通しのよい場所に干して乾燥させます。

125

害虫除けにもなる健康野菜

ニラ

〈ユリ科〉

かんたん！
★☆☆

栄養価の高い健康野菜です。一度育てれば、その後何年も収穫を楽しむことができます。病気や害虫の心配もなく、害虫を除ける効果もあるといわれています。

適したコンテナ

| 大きさ | 中 小 | 形 | □ ○ ◯ |

栽培カレンダー（関東標準）　発芽適温 15～25℃

	1	2	3	4	5	6	7	8	9	10	11	12
作業				タネまき					植えつけ			
収穫期									2年目以降は、いつでも収穫可能			

作り方Point

* コンテナにすじまきする。
* タネをまきすぎないようにする。
* 鉢いっぱいに育ったら分けて植える。

タネまき
重ならないようにすじまきする

ニラのタネ。

1 プランターの7～8分目まで培養土を入れます。

2 中央にまき溝を1本作ります。

3 5mm程度の深さにします。

4 タネをまきます。

5 重なり合わないようにまきましょう。（重ならないように）

6 両側の土を寄せて土をかぶせます。厚くならないように注意します。

7 手のひらで押さえて、タネと土を密着させます。

8 シャワー状に、たっぷり水を与えます。

追肥・増し土
ほんのひとつまみの肥料をパラパラとまき、成長点の下まで増し土する

1 発芽して育ってきました。まだ収穫せずに育苗します。

2 肥料を施し、成長点（茎の分かれ目）の下まで、増し土をします。

成長点
ここまで

ハサミの先で示した位置まで土を入れます。

3 肥料は粒状の有機配合肥料などで、1回にほんのひとつまみです。

4 鉢土の表面に均一になるように肥料をばらまきます。

5 できるだけ偏らないようにしましょう。

6 培養土を足し入れます。肥料入りの培養土なら、肥料は施さなくてもよいでしょう。

7 成長点を土に埋めないように増し土をしましょう。肥料は、月1回程度施し、冬と夏は休みます。

Advice
タネまきしてから2～3年経つと、コンテナいっぱいに育ちますので、一度コンテナから出し、株を分けて植え直すとよいでしょう。

ニラの芽

収穫
草丈20cm以上に育ったら

草丈20cm以上に育ったら収穫できます。1年目はあまり多く収穫せずに、株を充実させた方が長く楽しめます。成長点よりも少し上の位置から切ります。一カ所から収穫せずに、間を透くようにすると、日当たりと風通しがよくなります。切った部分から、再び葉が育って収穫ができます。

⚠ 病気・害虫
ほぼ心配ない

とくに心配がなく、逆に、ニラを植えておくと、害虫を除ける効果があるといわれています。

見た目もかわいいミニニンジンなら手軽

ニンジン

〈セリ科〉

かんたん！
★☆☆

コンテナで育てるなら、ミニニンジンがおすすめです。浅いコンテナで手軽に栽培でき、見た目にも愛らしいので、初心者が楽しむにもぴったりです。

適したコンテナ

大きさ 中 小　形

栽培カレンダー（関東標準）　発芽適温 15〜25℃

	1	2	3	4	5	6	7	8	9	10	11	12
作業							タネまき					
収穫期												

作り方Point
* タネをまいたら、ごく薄く土をかぶせる。
* 発芽から本葉が出るまで、水やりはていねいに。

タネまき
タネが隠れる程度に土をかぶせる

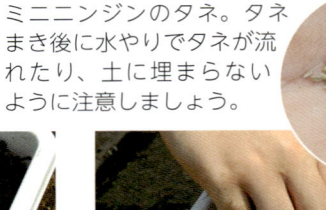

ミニニンジンのタネ。タネまき後に水やりでタネが流れたり、土に埋まらないように注意しましょう。

1 プランターに8分目まで培養土を入れ、まき溝を1本作ります。

2 タネは重ならないようにします。

3 タネが隠れる程度に土をかぶせます。

4 上から押さえて、タネと土を密着させます。

間引き
込み合うところを間引く

発芽したら、込み合う部分は間引きます。ピンセットで抜き取るか、先が細いハサミで根元から切ります。本葉が1枚出たころに、指1本分くらいの間隔にし、本葉3〜4枚になったら3cm間隔くらいにします。

追肥　定期的に液肥を施す

1 3cm間隔にする間引きが終わった頃から追肥を開始します。ごく薄い液肥を定期的に施します。濃度や頻度はパッケージの表示に従いましょう。

収穫　肩が張り出したものから

1 ニンジンの根が太ったものから収穫します。土からニンジンの肩が出て、張り出したようになっていたら適期です。

2 ニンジンの肩を持って、引き抜きます。

3 かわいいミニニンジンが収穫できました。

病気・害虫
雨が当たらない場所に移動して病気の発生を予防

	名称	症状／被害	対策
病気	うどんこ病	葉や茎の表面に白い粉をまぶしたようなカビが発生し、株が弱る。	チッ素肥料を控えめにし、日当たり、風通しをよくする。極端な乾湿を繰り返して、株を弱らせないようにする。
	黒葉枯病（くろはがれ）	黒褐色の斑点が発生し、やがて大きくなり、葉が枯れる。	肥料を切らさないようにする。発症した株は処分する。
害虫	アブラムシ	体長1mm程度の小さなムシが新芽や葉の裏などに群生して汁を吸う。	紙を広げた上に、筆などを使って払い落とす。
	アゲハの幼虫	キアゲハの幼虫が、葉を食害する。	幼虫を見つけ次第取るか、1鉢虫用に提供してその鉢を遮断し、共存する。
	ハダニ	葉裏などに群生する小さなムシ。植物の汁を吸い、被害を受けた葉はかすれたようになる。	ときどき、葉の裏側を洗うようにして予防する。極端に乾燥させないようにする。
	ヨトウムシ	夜間に活動して、葉を食い荒らす。	被害を見つけたら、周囲や鉢の裏を確認して、見つけ次第処分する。

HELP!

＊ニンジンが割れた！

収穫適期を過ぎてしまうと割れることがあります。収穫時期を逃さないようにしましょう。また、収穫期に乾燥させてしまい、その後たっぷりと水を与えてしまうと、根が割れることがありますので、注意しましょう。

＊太らない

肥料、とくにチッ素肥料が多いか、日照不足と考えられます。肥料は控えめに、日当たりのよい場所で育てましょう。

ニンジン

コンテナで手軽に栽培できる葉ネギ

ネギ（九条ネギ）

〈ユリ科〉

かんたん！ ★☆☆

いわゆる「長ネギ」を栽培するには、かなり深いコンテナが必要ですが、葉ネギ類なら手軽に栽培できます。ほとんど手間もかからず、地際を残すと再び収穫できて便利です。

適したコンテナ

大きさ	中・小	形	角型・丸型

栽培カレンダー（関東標準）　生育適温 15〜20℃

	1	2	3	4	5	6	7	8	9	10	11	12
作業							植えつけ					
収穫期												

作り方Point
- 苗を購入して植えつけると手軽。
- 株間は5cm間隔を目安にする。
- 根を深く埋めないようにする。

植えつけ
5cm間隔に1本ずつ植える。根を深く埋めないようにする

1 市販の苗を購入するか、育苗ポットにまいて20cmくらいで植えます。

2 苗をポットから取り出して、根鉢をほぐして1本ずつにします。（根鉢）

3 根はできるだけ傷めないようにしますが、多少切れても大丈夫です。

4 コンテナに培養土をほぼいっぱいまで入れます。（ウォータースペース分をあける）

5 苗を植える溝を作ります。ここでは、2列、列間10cmにします。

6 深さは1〜2cmにします。（植え溝）

7 1本ずつ苗を置きます。根は丸まっていても大丈夫です。（根は丸まっていてもよい）

8 白い部分が埋まるように植え、茎の分かれ目を埋めないようにします。（茎の分かれ目を土に埋めない／白い部分を埋める）

9 苗を1本ずつ並べていきます。

10 苗と苗の間隔は5cmです。

11 2本の溝それぞれに置きます。

12 土をかぶせます。根を深く埋めると生育が悪くなります。

13 苗は自然に立ち上がります。立たせようとすると、土が深くなるのでやめましょう。

苗は寝たままでよい

14 シャワー状の水を、コンテナの底から流れ出るまで与えます。

肥料
液肥を定期的に施す

苗が成長し始めたら、追肥を開始します。液肥をパッケージの表記に従い、定期的に施します。薄めの液肥でよいので、切らさないようにします。

病気・害虫
さび病に注意する

	名称	症状／被害	対策
病気	さび病	葉に橙黄色イボ状の斑点ができ、やがて中から粉状の胞子が飛び散る。	発生した葉を切り取り処分し、切ったハサミは消毒する。
	べと病	株全体の色が悪くなり、灰色のカビが生えてきたり、斑点ができる。	株間を適切にとって予防する。清潔な土を使う。
害虫	アブラムシ	成長点近くに黒色の小さな虫が群がって汁を吸う。	紙を広げた上に、筆などを使って払い落とす。
	アザミウマ	小さな虫が葉を食害し、被害を受けた葉はかすれたようになる。	苗を購入するときによく確認する。根元にホイルなどを敷いて予防する。
	タネバエ	葉の中などに幼虫が入り込み、食害する。	未熟な有機質肥料を用いると発生しやすくなるので、注意する。

収穫
太くなったものから収穫する

1 葉が30cm以上に育ったら、順次収穫します。

2 太そうな株から抜きます。

3 根元を持って引き抜きます。

4 必要に応じて収穫します。

ネギ

大きなコンテナで育てたい
ハクサイ
〈アブラナ科〉

ふつう ★★☆

もっともポピュラーな冬野菜。結球野菜の中では大型ですが、コンテナの栽培に適したミニタイプもあります。肥料は途中で切らさないように定期的に施します。

適したコンテナ

大きさ 中 小　形

栽培カレンダー（関東標準）　発芽適温 18～20℃

作業	1	2	3	4	5	6	7	8	9	10	11	12
作業								タネまき	植えつけ			
収穫期												

作り方 Point
* 害虫の被害に注意する。
* 追肥が足りないと結球が遅れる。
* 花芽を作らせない。

タネまき
ポットに5～10粒ずつまく

ハクサイのタネ。ポットまきにして、育苗してから植えつける。

1 3号育苗ポットに培養土を入れます。ビンの底などでへこませ、まき穴を作ります。（5mmほどへこませる）

2 まき穴にタネを5～10粒ずつまきます。（タネを重ねない）

3 周囲の土を寄せてタネの上に土をかぶせます。

4 上から押さえて、タネと土を密着させます。シャワー状の水をたっぷり与えます。

間引き
成長に合わせてよい株1本に

発芽したら、本葉が出始めた頃に5本に、本葉1～2枚で3本に、本葉が3～4枚になったら1本にします。形の悪い株、他に比べて細い株などから間引きます。残す株の根を傷めないように、根元からハサミで切ります。

植えつけ 深さのあるコンテナを使い、たっぷりの土で植えつける

1 本葉5〜6枚になったら植えつけます。

2 培養土を入れ、中央に植え穴を掘ります。(7分目の高さまで培養土を入れておく)

3 底から押し上げるように苗を出します。

4 ポットを外します。(苗を挟むように持つ)

5 植え穴に苗を入れます。

6 株とコンテナの土の高さを同じにします。

7 周囲の土を寄せて植えつけます。

8 株元を押さえて落ち着かせ、水を与えます。

ハクサイ

追肥 様子を見て

1 底から根が出てきたら、追肥をします。

2 成長を見ながら、定期的に施します。

3 液肥を水で薄め、葉にかからないように、また、水の勢いを調整しながら施します。

収穫 結球がしっかりしたら

1 結球が締まってきたら、収穫します。

2 外葉を倒して、根元近くから包丁などで切り取ります。

⚠ 病気・害虫
アオムシなどの食害に注意

アブラナ科の野菜は、アオムシやヨトウムシなどの被害を受けやすいので、こまめに観察して、被害を見つけたら、すぐに捕らえて処分します。病害虫は、カリフラワー（P48）を参照してください。

ひと鉢あればいつでも新鮮な香りが楽しめる

バジル

〈シソ科〉

かんたん！
★☆☆

パスタやピザなど、イタリア料理に欠かせない食材です。ひと鉢あれば、初夏から秋遅くまで収穫できるので、とても重宝します。

適したコンテナ

大きさ 　中　小　　形

栽培カレンダー（関東標準）　発芽適温 25～30℃

	1	2	3	4	5	6	7	8	9	10	11	12
作業					タネまき							
					植えつけ							
収穫期												

作り方 Point

＊摘心し、枝数を増やして、収量アップ。
＊1鉢には2～3株植えてもよい。
＊摘心も兼ねて収穫する。

摘心・間引き　元気のよいわき芽を確認して、その上で切る

1 育苗するか、市販のポット苗を購入します。本葉が6～7枚になっていたら、摘心してわき芽を伸ばします。

2 葉のつけ根を見て、元気よくわき芽が出ているところを確認します。
（ここでは弱い／元気のよいわき芽）

3 元気のよいわき芽の少し上あたりから切ります。

4 他の株も同様にして、半分ほどの大きさになりました。

5 他に比べて生育が悪い（細く、弱々しい）株があった場合は、抜き取ります。
（弱々しい）

6 作業後。全体にすっきりとします。これでわき芽が伸び、枝数が増えます。

植えつけ　やや深めに植えても大丈夫

1 鉢を用意し、培養土を少し入れます。

2 苗をポットから取り出します。

3 用意した鉢の中央に苗を置きます。

4 培養土を足し入れます。

5 根元の土を押さえて落ち着かせます。

6 バジルは、茎が少し埋まるまで土を入れて大丈夫です。

7 たっぷり水を与えます。

追肥　定期的に

薄めの液体肥料を定期的に施します。増し土をしたときは、土に肥料が含まれているので、その後1ヶ月くらいの間、追肥の必要ありません。冬の間は、肥料やりを中止します。

バジル

増し土　土が下がってきたら、培養土を足し入れる

1 植物の成長と水やりが原因で、土が下がってきます。

2 新しい培養土を足し入れます。

3 あきスペースの半分程度まで土を足し入れます。

収穫　どの株からもまんべんなく、若い葉を収穫する

1 摘心も兼ねて、必要量ずつ収穫します。

2 茎の先端を摘み取ります。

3 わき芽が伸びて茂ってきました。再び若い葉が収穫できます。

ちょっと使うのに便利な野菜
パセリ
〈セリ科〉

かんたん！
★☆☆

料理の風味づけや飾りに便利な野菜。ベランダや窓辺に1鉢あると何かと便利です。タネから育てると、時間がかかりますが、苗を購入すれば簡単で、1株を長く活用できます。

適したコンテナ

大きさ	中 小	形	

栽培カレンダー（関東標準）　発芽適温 15〜25℃

	1	2	3	4	5	6	7	8	9	10	11	12
作業			タネまき					植えつけ				
収穫期												

作り方Point
* 基本的に移植を嫌うので、苗を植えつける場合は、根鉢を崩さない。
* キアゲハの幼虫による被害に注意。

植えつけ　根鉢を崩さないで

1 パセリの苗。根鉢を崩さなければ、苗からの栽培は簡単です。

2 幅45cm程度のプランターに、培養土を2〜3分目の厚さに入れます。

3 苗をポットから取り出します。

4 根鉢は、ぜったいに崩さないようにします。（根鉢を崩さない）

5 苗を植えつけます。鉢の上から3cm程度のウォータースペースがあくように、最初に入れた土の量を調整します。

6 もうひと株もポットから取り出し、2株の土の高さが同じになるように置きます。（同じ高さにする）

136

7 根鉢の間に培養土を足し入れます。

8 土が入ったら、平らにならします。

9 植えつけの完成。

10 たっぷり水を与えます。

管理　枯れ葉はこまめに取る

枯れた葉があると、風通しが悪くなり、病気などの原因にもなります。こまめに取り除くようにしましょう。2〜3週間に1回程度、薄めの液肥で追肥します。

病気・害虫
キアゲハの幼虫

キアゲハの幼虫は、セリ科の野菜が好物。できるだけ卵のうちに発見して駆除しましょう。パセリを多めに育てて共存させるのもよいですが、食欲が旺盛なので、食べ尽くされないよう大量発生には注意しましょう。

ムシャムシャ

収穫　1株のあちこちから葉の茎ごと収穫

1 本葉が12〜13枚になったら収穫できます。

2 葉の茎のつけ根からハサミで切ります。葉柄だけ残しても、枯れてしまいます。

3 1カ所から取ると偏ってしまうので、バランスよくあちこちから収穫しましょう。

Advice

パセリのタネ（好光性）

タネから育てるときには、やや発芽率が悪いので、多めにまきます。発芽したら、隣の株と葉が重ならないように間引きます。

1 プランターの8分目まで培養土を入れ、中央にまき溝をつくります。

2 タネが重ならない程度に、多めにまきます。

3 薄く土をかぶせ、やさしく水やりします。発芽まで乾燥させないようにします。

パセリ

葉を収穫して利用する
ハダイコン
〈アブラナ科〉

かんたん！
★☆☆

ダイコンの仲間ですが、ビタミン豊富な葉を育てて利用する野菜です。ほぼ1年中収穫でき、収穫までの期間が短いので、時期をずらしながらタネまきすると便利です。

適したコンテナ

大きさ 中 小　形

栽培カレンダー（関東標準）　発芽適温 15～30℃

	1	2	3	4	5	6	7	8	9	10	11	12
作業			タネまき									
収穫期												

作り方Point
* 冬の期間を除けば、いつでも栽培できる。
* タネは5粒ずつ点まきにする。
* 葉が硬くなる前に収穫する。

タネまき　大型のタネなのでまきやすい

ハダイコンのタネ。アブラナ科の中では大型。

1 培養土を8分目まで入れ、株間15cmにまき穴を作り、タネをまきます。

2 1ヵ所5粒ずつまきます。できるだけ均等にします。

3 周囲の土を寄せ、タネの上にかぶせます。

4 上から押さえてタネと土を密着させます。

間引き　本葉が出始めたら2～3本に

本葉が出た頃に、5本から2～3本にします。生育のよい株を残します。

間引く株は、ハサミで根元から切ります。

増し土1　胚軸が埋まるように土を入れる

1. 胚軸（子葉の下、根までの部分）が土から出ています。
2. 培養土を足し入れます。 
3. 子葉の下まで土を入れます。成長点を埋めないようにします。 
4. 平らにならします。 

ハダイコン

管理　草は根ごと取る

雑草が生えていたら、早めに根ごと抜きましょう。育ってくると抜きにくくなります。

増し土2　胚軸が出ていたら土を足し入れる

1. 様子を見て、胚軸が出ているようなら再度増し土します。
2. 増し土することで、根が張るスペースも増えます。

追肥　定期的に液肥を施す

成長の様子を見ながら、薄めの液体肥料を2週間に1回程度施します。濃度が濃いと根を傷めますので、注意しましょう。粒状肥料をほんのひとつまみ、月1回程度施す方法でもよいでしょう。

収穫　根元から切る

葉の長さが25cm程度になったら、根元から切って収穫します。夏ならタネまきから収穫まで20日程度で収穫できます。長く置くと葉が硬くなるので、早めに収穫しましょう。

⚠ 病気・害虫　雨が当たらない場所に移動して病気の発生を予防

	名称	症状／被害	対策
病気	べと病	葉の表面に白色から淡黄色の病斑があらわれ、しだいに大きくなり褐色になる。葉裏にはカビが発生し、やがて枯死する。	水はけのよい土で植えつける。雨が当たる場所を避ける。チッ素過多にしない。
害虫	アブラムシ	体長1mm程度の小さなムシが新芽や葉の裏などに群生して汁を吸う。	紙を広げた上に、筆などを使って払い落とす。
害虫	アオムシ	モンシロチョウの幼虫が、葉を食害して穴をあける。	モンシロチョウが飛んでいたら、葉の裏を見て、卵がないか確認し、卵を見つけたらつぶす。幼虫を見つけ次第、捕って処分する。
害虫	シンクイムシ	小さなムシが葉の芯や株の中心部分を食害する。	こまめに観察して予防する。見つけたら取って処分する。
害虫	ヨトウムシ	夜間に活動して、葉を食い荒らす。	被害を見つけたら、周囲や鉢の裏を確認して、見つけ次第、処分する。

139

カラフルな実がなる
パプリカ
〈ナス科〉

かんたん！
★☆☆

ピーマンの仲間で、辛みがなく、肉厚な種類です。いろいろな品種がありますが、コンテナ栽培におすすめなのは'セニョリータ'。食べきりサイズの大きさでたくさん実がなります。

適したコンテナ

大きさ 大 中　　形

栽培カレンダー（関東標準）　生育適温 25～30℃

	1	2	3	4	5	6	7	8	9	10	11	12
作業						植えつけ						
収穫期												

作り方Point
* 大きめコンテナでたくさんの土で育てる。
* 最初の実は色づかないうちに収穫する。
* 肥料を切らさないように定期的に追肥。

🌱 植えつけ
十分に暖かくなってから植える

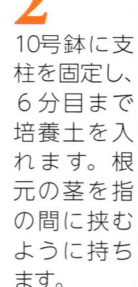

1 暖かい気候を好むので、十分に暖かくなってから植えつけます。

2 10号鉢に支柱を固定し、6分目まで培養土を入れます。根元の茎を指の間に挟むように持ちます。

3 苗を倒して、ポットから取り出します。

4 根が回っています。根鉢をいじらないように、そのまま植えます。（根鉢）

5 用意したコンテナの中央に置き、培養土を足し入れます。苗の土の表面の高さまで入れましょう。

6 土が入ったら、仮支柱を立てます。根鉢を避けて、斜めに挿し込みます。（斜めに挿す／深く植えないようにする）

7 支柱に茎を固定します。

8 茎の周囲には余裕を持たせ、緩く縛ります。

緩めに縛る

9 植えつけの完成です。

10 鉢底から流れ出るまで、水を与えます。

パプリカ

✂ 整枝　枝分かれの下にあるわき芽はすべて取る

1 第1果の位置で枝分かれします。

枝分かれする / 第1果

2 枝分かれした部分より下にあるわき芽を取ります。

わき芽

3 反対の手で茎を押さえながら、わき芽を手で摘みます。

4 つけ根から取り除きます。

5 ほかのわき芽も同様に取ります。

6 枝分かれの下あたりに横支柱を設置します。

7 横支柱は、ひもやビニールタイなどで縛ります。

8 茎を横支柱に縛ります。茎は余裕を持たせます。

余裕を持たせる

9 根元近くのわき芽を取ることで、風通しもよくなります。

追肥・増し土　リン酸の割合が高い肥料を小さじ1.5杯分施す

1 第1果の実がふくらんできた頃に、追肥を開始します。小さじ1.5杯分を鉢の縁近くにぐるっと入れます。

チッ素：リン酸：カリ＝5-8-5

2 子葉の下あたりまで培養土を足し入れます。この後、2～3週間に1回追肥します。

若取り　最初の1～2果は未熟なうちに取る

1 第1果がなる頃は、まだ株が充実していないので、早めに収穫し、株への負担を減らします。

第1果

2 実の茎のつけ根からハサミで切ります。

3 未熟果も、ピーマンのように利用できます。

収穫　実の全体が色づいたら

1 全体に色づいたら収穫します。

2 実の茎のつけ根からハサミで切ります。

⚠ 病気・害虫
ハダニが発生しやすい

	名称	症状／被害	対策
病気	モザイク病	葉や株全体が萎縮したようになる。ウイルスが原因。	ウイルスを媒介するアブラムシなどを防除する。発病した鉢は処分する。
病気	青枯病（あおがれ）	ある程度の大きさまで育ったときに、葉や茎が急にしおれて枯れる。	土の中の病原菌が原因。清潔な土を用いて予防する。発症した鉢は処分する。
害虫	アブラムシ	体長1mm程度の小さなムシが新芽や葉の裏などに群生して汁を吸う。	紙を広げた上に、筆などを使って払い落とす。
害虫	ハダニ	葉裏などに群生し、植物の汁を吸い、被害を受けた葉はかすれたようになる。	ときどき、葉の裏側を洗うようにして予防する。極端に乾燥させないようにする。

ロシア料理のボルシチには欠かせない
ビート
〈アカザ科〉

ふつう ★★☆

砂糖の原料となるテンサイの仲間です。砂糖の原料となるテンサイやビートは生では食べられませんが、食用ビートならサラダでも利用できます。色も鮮やかです。

適したコンテナ
大きさ 大 中　形

栽培カレンダー（関東標準）
発芽適温 15～30℃

	1	2	3	4	5	6	7	8	9	10	11	12
作業			タネまき									
収穫期												

作り方Point
* 一晩水に浸けておくと発芽しやすい。
* 肥大部が地上に出たら土をかぶせる。
* 日照不足にならないようにする。

タネまき
やや発芽し難いので、水に浸けておく

ビートのタネ。皮が硬く、発芽し難いので、一晩水に浸け、ペーパータオルで水気を取ってからまきます。

1 プランターの7～8分目まで培養土を入れます。

2 まき溝をつけます。

3 5mm～1cmの深さにします。

4 タネが重ならないよう1cm間隔にまきます。

5 周囲の土を寄せて、土をかぶせます。厚くなり過ぎないようにしましょう。

6 手のひらで上から押さえて、タネと土を密着させます。

7 タネをまいた部分を押さえ、全体も軽く押さえてなじませます。

8 全体にまんべんなく、鉢底から水が流れ出るまで水を与えます。

143

間引き・増し土
胚軸が隠れるように土を足す

発芽したら、隣の株と葉が触れ合わない程度に間引きます。

胚軸（子葉の下、根までの部分）が出ていたら、土を足し入れます。

1 他に比べて弱い株から抜きます。

2 根元をつまんで引き抜きます。

3 胚軸が土から出ていたり、倒れた株があるので、増し土します。

4 成長点（茎の分かれ目）を土に埋めないようにします。

増し土
コンテナいっぱいに育っていたら、土を足し入れる

1 元気のよい株が育ち、コンテナいっぱいに根が張っています。

2 肥大部が地上に出ています。肥大部は土に埋めます。

3 培養土を足し入れます。肥料入りの土で、追肥も兼ねます。

4 茎の分かれ目は土に埋めないようにしましょう。

収穫
肥大部の直径が5〜6cmに育ったら

1 肥大部の直径が5〜6cmに育ったら収穫します。

2 また、地上部の生育が悪くなってきたら、肥大部もそれ以上育たないので、まだ小さめでも収穫します。

3 肥大部の上を持って、引き抜きます。

⚠ 病気・害虫
ヨトウムシに注意

ホウレンソウと同じ仲間なので、ホウレンソウに発生しやすい病気と害虫に注意しましょう（P153参照）。暑さには弱いので、高温多湿で褐斑病にかかりやすくなります。また、ヨトウムシの食害は早めに対処しましょう。

夏の間は未熟果を、秋には完熟を収穫
ピーマン
〈ナス科〉

かんたん！
★☆☆

通常は緑色の未熟果を収穫しますが、完熟させると緑から黄、オレンジ、赤へとカラーピーマンになります。長く収穫するには、夏の間は株を弱らせないように未熟果を収穫します。

適したコンテナ
大きさ　大　　　形

栽培カレンダー（関東標準）　生育適温 25〜30℃

作業	1	2	3	4	5	6	7	8	9	10	11	12
作　業							植えつけ					
収穫期												

作り方 Point
＊十分に暖かくなってから植えつける。
＊定期的に追肥、増し土して育てる。
＊土が乾燥し切らないようにする。

植えつけ
最初の花がついた頃

最初の花がついた頃が、植えつけ適期です。

1 10号鉢に支柱を立て、培養土を6分目まで入れます。

2 苗の茎を指の間に挟むようにして、ポットを外します。

3 根がよくまわっています。

4 用意した鉢の中央に置きます。

5 植えつけ後に増し土しながら育てるので、あきスペースを大きくとります。

6 培養土を足し入れます。苗の鉢土の表面と同じ高さにします。

7 土を入れたら、根元を押さえて落ち着かせます。

8 仮支柱を立てて茎を固定し、水をたっぷり与えます。

整枝 1　最初の実は早めに取り、実より下にあるわき芽を取る

1 最初の実は、大きくならないうちに収穫します。

2 実の茎のつけ根からハサミで切ります。

3 わき芽は、つけ根から取ります。

4 実があったところから枝分かれするので、それより下のわき芽はすべて取ります。

整枝 2　横支柱を立てて、株を支える

1 実が大きくなり、込み合ってきました。

2 枝のわかれ目より下のわき芽があったら、取り除きます。

3 根元がすっきりし、風通しがよくなりました。

4 枝の分かれ目の下あたりに横支柱を1本通します。

5 横支柱に、茎を結びつけます。

6 茎のまわりには余裕を持たせておきましょう。

収穫　開花後15日経った頃から収穫できる

未熟果のピーマンは、手頃な大きさに育ったら、収穫します。開花15日後くらいからが目安です。完熟させる場合は、全体が色づいてから収穫します。

追肥・増し土　1回につき、小さじ1.5杯分くらいを施す

1 実を収穫するようになったら、定期的に追肥します。小さじ1.5杯の肥料を鉢の縁近くに入れます。
チッ素：リン酸：カリ＝5-8-5

2 培養土を入れて増し土します。子葉の下あたりまで入れます。

3 表面を平らにならします。

4 2～3週間に1回追肥し、必要に応じて増し土します。

ピーマン

⚠️ 病気・害虫
コンテナ栽培では、乾燥によるハダニの発生に注意する

	名称	症状／被害	対策
病気	モザイク病	葉や株全体が萎縮したようになる。ウイルスが原因。	ウイルスを媒介するアブラムシなどを防除する。発病した鉢は処分する。
	青枯病	ある程度まで大きく育ったときに、突然しおれて枯れる。土の中の菌が原因。	治療は困難なので、発症した鉢は処分する。清潔な用土で植えつけ、予防する。
	斑点細菌病	葉や茎に暗褐色または灰白色の斑点ができ、発病した葉はやがて枯れる。	葉や茎が茂りすぎないように整枝をして予防する。発症した株は処分する。
害虫	アブラムシ	体長1mm程度の小さなムシが新芽や葉の裏などに群生して汁を吸う。	紙を広げた上に、筆などを使って払い落とす。
	ハダニ	葉裏などに群生し、植物の汁を吸い、被害を受けた葉はかすれたようになる。	ときどき、葉の裏側を洗うようにして予防する。極端に乾燥させないようにする。
	ハモグリバエ	葉の中に幼虫が入り込み、葉の中を食害。被害を受けた葉には、食害あとの白い線がつく。	被害を受けた葉ごと処分するか、葉の中の幼虫やさなぎを葉の上から潰す。
	タバコガ	幼虫がつぼみや花、果実の内部に入り込んで種子を食害する。	果実の内部に入り込むとわかりにくく、薬剤も効果がない。よく観察して、捕らえて処分する。防虫網などで予防する。
	アザミウマ	小さい虫が葉や果実を食害し、被害を受けると、新芽が萎縮したり、果実が褐色に変化してサメ肌状になる。	被害を見つけ次第、葉ごと処分する。鉢土の表面にアルミ箔などを敷いて予防する。

147

花も実も愛らしいガーデンの人気者
ブラックベリー
〈バラ科〉

かんたん！
★☆☆

つる性または半つる性の落葉低木です。実は赤色から黒紫色へと熟します。基本種はトゲがありますが、トゲのない園芸品種がありますので、ベランダなどではそちらがおすすめ。

適したコンテナ
大きさ 　**大**　**中**　　形

栽培カレンダー（関東標準）　生育適温 15～20℃

	1	2	3	4	5	6	7	8	9	10	11	12
作業				植えつけ・植え替え					植えつけ			
									せん定			
収穫期	樹木なので、春か秋に植えつければ、同じ株で毎年収穫を楽しむことができる											

作り方 Point
- 水はけのよい土で植える。
- 定期的に肥料を施し、肥料切れさせない。
- 成長に合わせて植え替える。

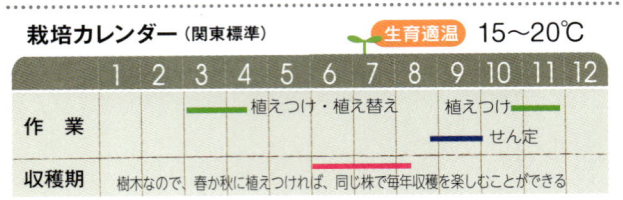

植えつけ
有機質肥料配合用土で植える

有機配合肥料入り市販培養土を使います。苗よりも1～2まわり大きめのコンテナを用意しましょう。苗は、すぐに大きな鉢に植えず、成長に合わせて植え替えていくと、よりよく育ちます。コンテナの6～7分目まで土を入れ、苗をポットから取り出して、根を崩さずに植えつけます。苗の土の表面に薄く土がかぶるまで土を入れたら、軽く根元を押さえて、落ち着かせます。鉢底から水が流れ出るまでたっぷり水を与えます。

肥料
定期的に液肥を施す

コンテナでの栽培は、肥料切れを起こしやすいので、休眠期の冬期間以外は、定期的に施します。施す濃度や頻度は、各肥料の表記に従いますが、濃いめの肥料を数回よりも、薄い肥料をこまめに施す方が効果的です。

収穫
赤色か黒色で収穫できる

熟すと、最初は赤色でやがて黒紫色になります。どちらの段階でも収穫可能です。熟した実から収穫しましょう。

せん定
収穫後に枯れた枝などを切る

実を収穫し終わったら、枝を整理します。枯れた枝、実をつけた枝はつけ根から切ります。株元から元気のよい新しい枝が伸びていたら、古い枝は切ります。

植え替え
1～2まわり大きな鉢に替える

春の新芽が伸びる頃か、収穫後の秋に植え替えをします。とくに苗が小さいうちは、毎年さらに1～2まわり大きな鉢へと植え替えます。方法は、植えつけと同様です。必ず新しい培養土か再生処理済みの用土で植え替えます。栽培から数年たち、大きく育ってそれ以上大きなコンテナにできなくなったら、植え替えます。根鉢の下3分の1と株元近くの根が張っていない部分の土を落として、傷んだ根をつけ根から切り、整理して、植え直します。新しい根はできるだけ傷めないようにします。

⚠ 病気・害虫
カイガラムシなどに要注意

夏に乾燥するとハダニが発生しやすくなります。また、カイガラムシがいないか、枝の裏側を確認しましょう。

ブルーベリー

1本でも実をならせる品種を選んで

〈ツツジ科〉

かんたん！
★☆☆

実をならせるには別品種が必要ですが、サザンハイブッシュ系と呼ばれる品種なら1本だけでも実を楽しむことができます。地域も選ばずに栽培できます。

適したコンテナ
- 大きさ：大・中
- 形：（長方形・浅鉢・丸鉢）

栽培カレンダー（関東標準）
生育適温 10～15℃

	1	2	3	4	5	6	7	8	9	10	11	12
作業					植えつけ・植え替え						植えつけ	
		せん定										
収穫期	樹木なので、春か秋に植えつければ、同じ株で毎年収穫を楽しむことができる											

作り方 Point
* 植えつけ用土にピートモスを混ぜる。
* 1本でも実がなる品種を選ぶ。
* 夏の高温多湿の環境が苦手。涼しく。

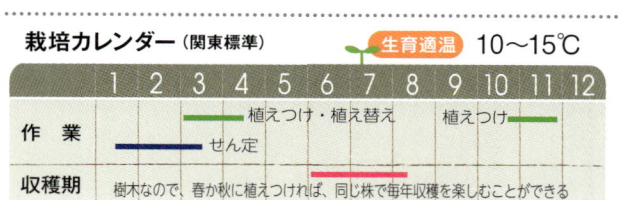

植えつけ
培養土にピートモスを混ぜる

酸性土壌を好むので、植えつける培養土には、3割程度のピートモスを混ぜておきます。有機配合肥料入培養土がよいでしょう。苗よりも1～2まわり大きめのコンテナを用意し、コンテナの6～7分目まで土を入れます。苗をポットから取り出して、根を崩さずに植えつけます。苗の土の表面に薄く土がかぶるまで土を入れたら、軽く根元を押さえて、落ち着かせます。鉢底から水が流れ出るまでたっぷり水を与えます。鉢土の表面をピートモスや水ゴケで覆って保湿します。

肥料
真夏と冬は中止する

肥料切れさせないように定期的に施します。施す濃度や頻度は、各肥料の表記に従います。梅雨明けから9月上旬までの真夏期間と、11～4月の冬期間は、肥料やりを中止します。

収穫
夏に熟した実から取る

青紫色に熟したものから収穫します。

せん定
込み合う部分の枝を取る

冬の休眠期にせん定します。枯れた枝や弱い枝はつけ根から切り取ります。また、株の内側に伸びている細かい枝は、風通しを悪くするので、つけ根から取ります。交差する枝も一方を切ります。収穫できるようになってから、2～3年実をつけた枝は元から切ります。

植え替え
1～2まわり大きな鉢に替える

春に新芽が伸びる頃になったら、植え替えをします。とくに苗が小さいうちは、毎年1～2まわり大きな鉢へと植え替えます。方法は、植えつけと同様です。新しい培養土で植え替えましょう。4～5年経った株は、植え替え時に、根鉢の下3分の1と株元近くの根が張っていない部分の土を落として、傷んだ根をつけ根から切り、整理して、植え直します。

⚠ 病気・害虫
熟した実をねらう鳥に注意する

熟した実は野鳥が食べに来ます。早めに収穫しましょう。

小さなわき芽も楽しみましょう
ブロッコリー

ふつう ★★☆

〈アブラナ科〉

大きなコンテナで、たっぷりの日差しで育てるのが成功のコツ。頂上の花蕾を収穫したあとに、小さなわき芽が収穫できます。

適したコンテナ

大きさ **大** **中**　形

栽培カレンダー（関東標準）　生育適温 15～20℃

	1	2	3	4	5	6	7	8	9	10	11	12
作業								植えつけ				
収穫期												

作り方Point
* 最初はやや土を少なめにし、増し土して育てる。
* できるだけ日当たりよく育てる。

植えつけ
最初は少し少なめにして、成長に合わせて土の容量を増やしていく

1 プランターの7分目まで培養土を入れ、適度に湿らせます。

2 指で示したあたりまで土に埋めます。

3 茎を、指の間に挟むようにします。

4 手のひらで苗を支えるようにして裏返し、上からポットを外します。

5 中央に植え穴を掘り、苗を置きます。

6 穴を掘った土を埋め戻して、苗を植えつけます。

7 根元を押さえて落ち着かせたら、鉢底から流れ出るまで、たっぷり水を与えます。

Advice 花茎が長いスティックブロッコリーは、小さな花蕾の小房ごとに収穫できます。より長く収穫が楽しめるので、コンテナ栽培に適しています。

増し土　土が下がった分を足し入れる

1 植えつけ後、しばらく経つと、水やりなどの影響で、土の表面が下がってきます。

2 新しい培養土を足し入れます。子葉があった位置くらいまで土を足します。

3 土が入ったら、土の表面をならします。

追肥　定期的に液肥を施す

成長の様子を見ながら、薄めの液体肥料を定期的に施します。濃度や頻度は、各肥料の表示に従いましょう。肥料入りの培養土を使って増し土するときは、土に肥料が含まれているので、さらに追肥する必要はありません。

4 この後も、状態を見て、胚軸（子葉の下根までの部分）が出ていたら土を足し入れます。

ブロッコリー

収穫　花蕾がかたく締まったら

1 花蕾が育ったら収穫です。直径5〜8cm程度です。

2 花蕾の下を、ハサミで切ります。

3 かわいいブロッコリーが収穫できました。

⚠ 病気・害虫　風通しが悪い場所にアブラムシなどが発生する

	名称	症状／被害	対策
病気	べと病	葉の表面に白色から淡黄色の病斑があらわれ、しだいに大きく褐色になる。やがて枯死する。	水はけのよい土で植えつける。雨が当たる場所を避ける。チッ素過多にしない。
	黒腐病	葉が黄色に変色して、次第に黒がかり、落ちる。	清潔な培養土で植えつける。発症したコンテナは処分。
害虫	アブラムシ	体長1mm程度の小さなムシが新芽や葉の裏などに群生して汁を吸う。	紙を広げた上に、筆などを使って払い落とす。
	アオムシ	モンシロチョウの幼虫が、葉を食害して穴をあける。	モンシロチョウが飛んでいたら、葉の裏を見て、卵を発見したらつぶす。幼虫を見つけ次第捕って処分する。
	シンクイムシ	小さなムシが葉の芯や株の中心部分を食害。	こまめに観察して予防する。見つけたら捕って処分する。
	ヨトウムシ	夜間に活動して、葉を食い荒らす。	被害を見つけたら、周囲や鉢の裏を確認して、見つけ次第処分する。

栄養豊富！常備したい野菜
ホウレンソウ
〈アカザ科〉

かんたん！
★☆☆

栄養豊富な緑黄色野菜の代表で、多くの品種が作られています。もとは夏の暑さに弱かったのですが、品種改良によって、今ではほぼ一年中収穫できるようになりました。

適したコンテナ

大きさ 中 小　　形

栽培カレンダー（関東標準）　発芽適温 15〜20℃

	1	2	3	4	5	6	7	8	9	10	11	12
作業			タネまき									
収穫期												

作り方Point
* 時期をずらしてタネをまくと、長く収穫が楽しめる。
* 使用済みの土を使う場合は、酸度を調整する。

タネまき
できるだけ等間隔にまく

1 ホウレンソウのタネ。誤用を防ぐため、青色をしています。

2 プランターに土を7〜8分目まで入れ、中央に1本まき溝をつけます。

3 1粒ずつタネをまきます。（1粒ずつまく）

4 タネを重ねないように、1cm間隔にまきます。

5 タネの両側の土を寄せて、タネにかぶせます。

6 手のひらで押さえて、タネと土を密着させます。たっぷり水を与えます。

間引き
葉が重なり合わないように

発芽したら、葉と葉が重ならないように間引きます。他と比べて茎が細いもの、生育が悪いものを引き抜くか、根元からハサミで切ります。間引きした葉も利用しましょう。

このように重なっているものは一方を間引く

追肥・管理
定期的に液肥を施す

成長の様子を見ながら、薄めの液体肥料を定期的に施します。濃度や頻度は、各肥料の表示に従いましょう。胚軸（子葉の下、根までの部分）が出ていたら、子葉の下まで増し土します。成長点を埋めないように注意しましょう。

収穫
大きく育ったものから

草丈が10cm以上になったら、生育のよいものから収穫します。根元からハサミで切りましょう。

Advice
夜間も灯りが点っているベランダで育てていると、花を咲かせる茎が伸びてくる（「トウ立ちする」といいます）ことがあります。これは、日が長くなると花を咲かせる性質があるためです。トウ立ちすると、葉が硬くなるので、摘み取りましょう。夜間は遮光するか、トウ立ちしにくい品種を選びましょう。

⚠ 病気・害虫
雨が当たらない場所に移動して病気の発生を予防

	名称	症状／被害	対策
病気	べと病	葉の表面に白色から淡黄色の病斑があらわれ、しだいに大きくなり褐色になる。葉裏にはカビが発生し、やがて枯死する。	水はけのよい土で植えつける。雨が当たる場所を避ける。チッ素過多にしない。
	立枯病	地面に近い部分が黄色に変色して枯れてしまい、株がしおれて倒れてしまう。	水はけのよい清潔な培養土で植えつける。間引きをして風通しをよくする。
害虫	アブラムシ	体長1mm程度の小さなムシが新芽や葉の裏などに群生して汁を吸う。	紙を広げた上に、筆などを使って払い落とす。
	ハムシ	小さな甲虫。幼虫と成虫が葉を食害して丸い穴を空ける。	見つけ次第、捕らえて処分する。
	ヨトウムシ	夜間に活動して、葉を食い荒らす。	被害を見つけたら、周囲や鉢の裏を確認して、見つけ次第処分する。

ホウレンソウ

✋ HELP!
＊発芽が揃わない！
種皮に発芽抑制物質が含まれています。最近では、発芽促進処理されたタネが多いので、発芽率がよくなっていますが、発芽が揃わない場合には、前日から一晩水に浸けてからまくとよいでしょう。

153

細かい切れ込みが特徴
ミズナ（キョウナ）

〈アブラナ科〉

かんたん！
★☆☆

細かい切れ込みがある葉は、シャキシャキした食感が特徴で、冬の鍋材料として近頃定着してきました。徒長させてもよいので、明るい日陰（P193参照）でも育てることができます。

適したコンテナ
大きさ　中　小　　形

栽培カレンダー（関東標準）　発芽適温 15～25℃

	1	2	3	4	5	6	7	8	9	10	11	12
作業							タネまき					
収穫期												

作り方Point
* スペースに合わせて、大株にも小株にもできる。
* コナガなどの害虫の被害に注意する。

タネまき
プランターで、すじまきする

ミズナのタネ。比較的、小さめです。

1 土を7分目まで入れて、中央にまき溝をつけます。

2 まき溝の深さは5mm～1cm程度にします。（まき溝）

3 指先でタネを摘み、こよりを作るように指先をひねって、1粒ずつまきます。（指先をひねる）

4 タネはできるだけ重ならないようにします。

5 厚くかぶせると発芽しにくくなるので、タネが隠れる程度に土をかぶせます。

6 手のひらで押さえてタネを土に密着させます。シャワー状のやわらかい水を与えます。

間引き1
隣の株と葉が重ならないようにする

1 発芽が揃ったら、1回目の間引きをします。

2 生育のよいものを残し、他を根元からハサミで切ります。

3 葉が重ならないようにします。

4 だいぶすっきりしました。間引いたものは、スープの具や飾りに利用しましょう。

間引き2　株間5cm程度にする

1 10cmくらいまで育ったら、2回目の間引きをします。

2 他に比べて生育が悪いものを引き抜くか切り取ります。

3 株間5cm程度に。ミズナは狭めに育てても大丈夫です。

4 間引いた株も利用しましょう。

追肥
定期的に液肥を施す

成長の様子を見ながら、薄めの液体肥料を定期的に施します。

病気・害虫
コナガに注意

コナガやヨトウムシによる食害に注意しましょう。コナガは淡緑色をしていて見つけにくいので、よく探しましょう。ヨトウムシは夜間活動中のところを捕らえます。

Advice
ミズナは、1株で育てるとかなり大きく育ち、密に育てると、1株は小さくなります。どちらでも栽培できますが、コンテナでは、こまめに収穫できる密植えがよいでしょう。

収穫
草丈20cm以上で

1 草丈20cm以上になったものから収穫します。

2 根元からハサミで切ります。

ミズナ

明るい日陰が最適な環境
ミツバ
〈セリ科〉

ふつう ★★☆

明るい日陰（P193参照）で、湿り気のある環境を好みますのでベランダなどの少し陰となる場所でも育てられます。1株から数回収穫できるので、1コンテナあると便利です。

適したコンテナ
大きさ：中・小　形：（長方形・楕円・丸）

栽培カレンダー（関東標準）　発芽適温 10〜20℃

	1	2	3	4	5	6	7	8	9	10	11	12
作業				タネまき								
収穫期												

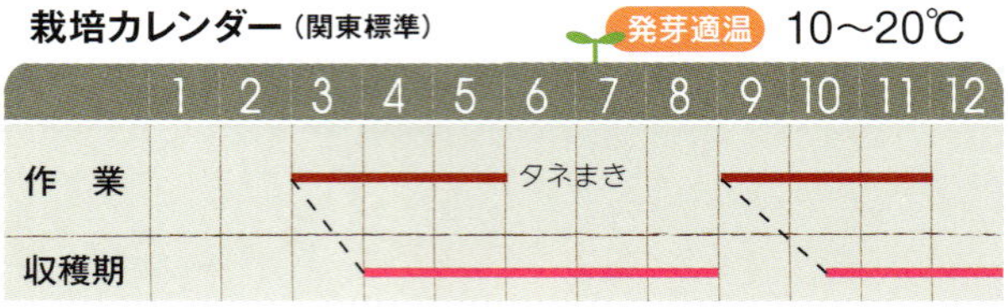

作り方Point
* 夏の直射日光には当てないようにする。
* 発芽が悪いタネは水に浸けてからまく。
* 土を乾燥させないようにする。

タネまき
密植した方がよいので、多くまく

ミツバのタネ。発芽率があまりよくないので、タネを一晩水に浸けてからまくとよいでしょう。

1 培養土を8分目まで入れ、まき溝を作ります。

2 密に育てるので、10cm間隔で2列にします。

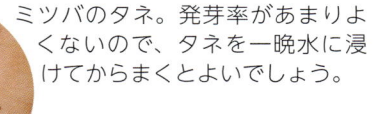

3 指先でタネを摘み、まき溝にタネをまきます。（やや密にまく）

4 タネが重なるくらい、やや多めにまきます。

5 発芽に光を必要とする好光性なので、タネが見えるか見えないか程度に薄く土をかぶせます。（ごく薄く土をかぶせる）

6 土を押さえてタネと土を密着させます。乾燥防止に、発芽まで湿らせた新聞紙をかぶせておいてもよいでしょう。

管理　間引かずに育てる

発芽したら、よほど込み合うことがなければ、間引きをせずに育てます。基本的に肥料もあまり必要ありませんが、2～3週間に1回液肥を施すと、大きく育ちます。土が乾燥しないように、土の表面が乾きかけたら水を与えます。

収穫　必要分を根元から切るか地面から2cm残して切る

1 草丈が15～20cmになったら、収穫します。

2 必要分を根元から切って収穫します。

3 数が少なくなってきたら、地面から2cm残して切ると、そこから再び芽が伸びて収穫できます。

病気・害虫　乾燥させるとハダニが発生するので注意

	名称	症状／被害	対策
病気	モザイク病	葉や株全体が萎縮したようになる。ウイルスが原因。	ウイルスを媒介するアブラムシなどを防除する。発病した鉢は処分する。
病気	立枯病	地面に近い部分が黄色に変色して枯れてしまい、株がしおれて倒れてしまう。	水はけのよい清潔な培養土で植えつける。間引きをして風通しをよくする。
病気	べと病	葉の表面に白色から淡黄色の病斑があらわれ、しだいに大きくなり褐色となる。	水はけのよい土で植えつける。雨が当たる場所を避ける。チッ素過多にしない。
害虫	アブラムシ	体長1mm程度の小さなムシが新芽や葉の裏などに群生して汁を吸う。	紙を広げた上に、筆などを使って払い落とす。
害虫	ハダニ	葉裏などに群生し、植物の汁を吸い、被害を受けた葉はかすれたようになる。	ときどき、葉の裏側を洗うようにして予防する。極端に乾燥させないようにする。

ミツバ

コンテナでも十分に収穫できる
ミョウガ
〈ショウガ科〉

かんたん！
★☆☆

夏の薬味に欠かせない野菜。明るい日陰（P193参照）でやや湿り気のある環境を好みます。ベランダでの栽培は意外に簡単ですので、ぜひチャレンジしてみましょう。

適したコンテナ
大きさ　中　　形

栽培カレンダー（関東標準）　生育適温 25～30℃

	1	2	3	4	5	6	7	8	9	10	11	12
作業				植えつけ・株分け・植え替え								
収穫期												

作り方Point
* 深さ20cm以上のコンテナで育てる。
* 新芽が伸びる方向にスペースを取る。
* 土を乾燥させないようにする。

植えつけ
新芽は育つ方向を確認して、その側のスペースを大きくあける

1 ミョウガの苗。葉が生き生きとしたものを選びます。

2 幅60cmのプランターに、培養土を4～5分目まで入れます。

3 苗の茎を指の間に挟むようにして持ち、苗を返します。

4 手のひらで支えながら、ポットを外します。

5 新芽が伸びる方向は決まっているので、新芽の位置を確認します。

6 新芽がある側にスペースを大きく取って苗を置きます。新芽のない反対側は、縁近くまで寄せても構いません。

こちら側にスペースを取る
新芽

158

7 2株植える場合は、新芽が向かい合うように植えましょう。

8 培養土を足し入れます。

9 根元近くが埋まるように土を入れましょう。

10 植えつけ後はたっぷり水を与えます。

増し土
縁近くまでしっかりと土を入れる

根がコンテナいっぱいまで育ってきたり、土の高さが下がってきたら、土を足し入れます。

花芽は埋めてもよい

1 ウォータースペースを残して、ぎりぎりまで土を入れます。

2 新しく根を伸ばすスペースができました。

ミョウガ

収穫　花茎の元を持ってねじり取る

花茎

1 茎の根元から出てくる花茎を収穫します。

2 できるだけ花茎のつけ根近くを持ちます。

3 ねじり取って収穫します。ハサミで切ってもよいでしょう。

159

茎にたくさんミニミニキャベツがなる

メキャベツ

〈アブラナ科〉

ふつう ★★☆

葉のつけ根のわき芽が結球したものを収穫します。使い切りサイズで収穫できるので、ベランダなどで育てるのに向く野菜ですが、ややスペースが必要です。

適したコンテナ

大きさ 大　　形

栽培カレンダー（関東標準）　発芽適温 15〜20℃

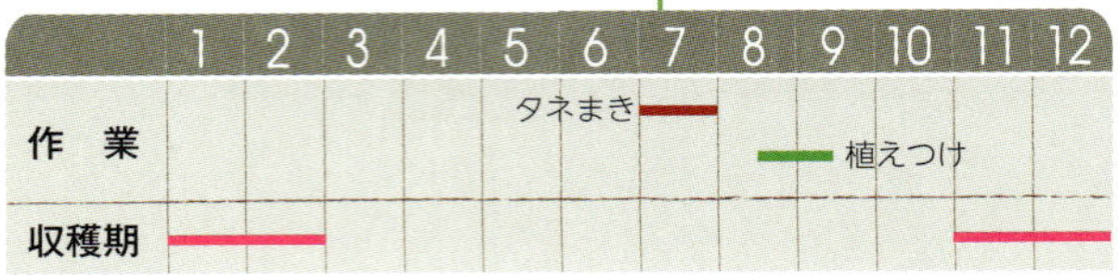

	1	2	3	4	5	6	7	8	9	10	11	12
作業							タネまき		植えつけ			
収穫期												

作り方Point
* 茎を太く育てる。
* 下部のわき芽は取り除き、増し土する。
* 下部の葉はかき取って、風通しをよくする。

タネまき
育苗ポットにまく

Advice メキャベツは冷涼な気候を好み、夏の暑さには弱く、高温期には結球しないので、夏にタネをまいて秋に植えつけます。

1 3号育苗ポットの8分目まで培養土を入れます。

2 ビンの底などで、中央にまき穴をつくります。（1cmほどへこませる）

3 まき穴1カ所に5粒ずつまきます。

4 タネが重ならないよう等間隔にまきます。

5 培養土をかぶせます。

6 1cm程度の厚さに土をかぶせます。

7 上から押さえて、タネと土を密着させます。

8 やわらかいシャワー状の水を与えます。

間引き　2本に間引き、胚軸が出ていたら増し土する

1 発芽したら、生育のよい2本を残して、他は間引きます。

2 残す株を傷めないように、ハサミを使って、元から切ります。

3 胚軸（子葉の下、根までの部分）が出ていたら土を足します。

胚軸

4 肥料入りの培養土で増し土します。成長点を埋めないようにします。

成長点

植えつけ　仕上がりの土の高さがコンテナの8分目になるようにする

1 本葉が4〜5枚ほどになったら、植えつけをします。

2 コンテナの6分目まで培養土を入れます。

6〜7分目まで土を入れる

3 苗をポットから取り出します。1ポット1株ならそのまま植えます。

4 2株ある場合は、根を傷めないように1株ずつにします。

5 子葉があった高さまで土に埋まるように植えます。

ここまで埋める

6 1鉢に1株ずつ植えます。

7 コンテナの8分目の高さになるよう、植えつけます。

8 株の周囲を軽く押さえて、落ち着かせます。

9 鉢底から流れ出るまで、たっぷり水を与えます。

メキャベツ

161

管理　下部の葉を取る

1 葉があるとメキャベツがつぶれてしまうので、下部の葉は取ります。

元を持ち、水平方向に折り取る

2 葉の茎が残らないようにします。

わき芽取り・追肥　下部のわき芽は取る

1 地面に近いわき芽は、よいメキャベツにならないので、取ります。

2 手で摘み取ります。

3 土も下がっているので、追肥をして、増し土します。

4 小さじ1杯の有機配合肥料を入れ、土を1cmの厚さに入れます。

収穫　結球したものから

1 コンテナいっぱいに大きく育ってきました。

2 葉のつけ根のわき芽が結球しています。

3 かたく締まったものから、手で摘み取ります。

4 芽をつぶさないように取りましょう。

⚠ 病気・害虫
コナガ、アオムシに注意

アブラナ科に発生しやすい病気に注意します（P48カリフラワー参照）。病気では、立枯病、べと病、黒腐病などに注意します。害虫では、コナガ、アオムシ、ヨトウムシなどが発生しやすいので、予防に努めます。

プリンスメロンならコンテナ栽培可能

メロン

〈ウリ科〉

むずかしい ★★★

みずみずしく、甘い実が魅力のフルーツのような野菜です。大きなものは難しいですが、小型のプリンスメロンならコンテナでの栽培が可能です。

適したコンテナ

大きさ：大　　形：□ ▽

栽培カレンダー（関東標準）　生育適温 25〜30℃

	1	2	3	4	5	6	7	8	9	10	11	12
作業						植えつけ						
収穫期												

作り方Point
* たっぷりの土と日光で育てる。
* 人工授粉をする。
* 実が落ちないようにひもで吊る。

植えつけ
浅く植えつける

1 本葉が4〜5枚で植えつけます。十分に暖かくなってから植えましょう。

2 10号鉢に支柱を固定し、7分目の高さまで培養土を入れます。

3 根鉢を崩さないように鉢の中央に置きます。

4 株元を深く埋めないように植えつけ、仮支柱をして苗を支えます。

誘引
支柱の外側につるを回す

つるが伸びてきたら、支柱に誘引します。つるは、支柱の内側を通さずに、外側に巻き付けるように回します。つるを誘引する位置が決まったら、支柱にひもを縛り付けます。支柱に縛ったひもを果柄のつけ根に回し、実を吊すようにします。茎の周囲に余裕を持たせて縛ります（誘引の方法はP52「キュウリ」を参照してください）。

追肥
1回の量は小さじ1杯程度

植えつけ後2週間程度から追肥を開始します。月1回追肥をします。1回に施す量は少なめに、小さじ1杯程度の有機配合肥料（チッ素 - リン酸 - カリ＝5-8-5）を鉢の縁近くにパラパラとまきます。1カ所に固まらないようにします。その後、根が出ているなど増し土が必要なら増し土します。必要なければ、軽く表面を耕します。

メロン

163

人工授粉　晴れた日の午前中に、雄花を取って雌花につける

1 実をならせるためには、人工授粉するとよいでしょう。
※ふくらみがあるのが雌花

2 花の下にふくらみがないのが雄花です。
※雄花

3 開花している雄花を取ります。

4 授粉しやすいように、雄花の花びらを取ります。

5 花心だけの状態になりました。

6 開花している雌花のめしべに、雄花の花粉をつけます。

玉吊り　実が落ちないようにひもで吊っておく

1 実が大きくなってきたら、実の重みで落ちないようにひもで吊って支えます。

2 実を吊るための横支柱を、鉢に固定した支柱につけます。

3 ビニールタイなどで、しっかりと固定します。

4 横支柱は、このように設置します。
※横支柱　※鉢に固定した支柱

5 実の茎のつけ根の下にひもを通して、実を吊り上げます。

6 設置した横支柱に、実を吊ったひもを縛り付けます。ネットで吊り上げてもよいでしょう。
※麻ひもを二重にする

収穫
実の表面に光沢が出てきたら収穫の適期

1 授粉後40日程度が収穫時期です。

2 実の茎をハサミで切ります。

3 実を強く握らないようにします。

4 実の表面に光沢があるのが、収穫適期の目安です。

病気・害虫　うどんこ病の発生に注意する

	名称	症状／被害	対策
病気	べと病	葉の表面に白色から淡黄色の病斑があらわれ、しだいに大きくなり褐色になる。葉裏にはカビが発生し、やがて枯死する。	水はけのよい土で植えつける。雨が当たる場所を避ける。チッ素過多にしない。
病気	モザイク病	葉にモザイク模様ができたり、株全体が萎縮したようになる。ウイルスが原因。	ウイルスを媒介するアブラムシなどを防除する。発病した鉢は処分する。
病気	斑点細菌病	葉や茎に暗褐色か灰白色の斑点ができ、発症した株は枯れる。	茂りすぎないように整枝する。発症した鉢は処分する。
病気	うどんこ病	葉や茎の表面に白い粉をまぶしたようにカビが発生する。	日当たり、風通しをよくする。チッ素肥料や水を過多にしない。発症したら食酢散布する。
害虫	アブラムシ	体長1mm程度の小さなムシが新芽や葉の裏などに群生して汁を吸う。	紙を広げた上に、筆などを使って払い落とす。
害虫	ウリハムシ	橙黄色の甲虫。成虫は葉を、幼虫は土の中で根を食害する。	見つけ次第、捕殺する。苗の期間は、寒冷紗をかけるなどして予防する。
害虫	ハモグリバエ	葉の中に幼虫が入り込み、葉の中を食害。被害を受けた葉には、食害あとの白い線がつく。	被害を受けた葉ごと処分するか、葉の中の幼虫やさなぎを葉の上から潰す。
害虫	ハダニ	葉裏などに群生するごく小さなムシ。植物の汁を吸い、被害を受けた葉はかすれたようになる。	ときどき、葉の裏側を洗うようにして予防する。極端に乾燥させないようにする。

メロン

夏の暑さに強い健康野菜

モロヘイヤ

かんたん！
★☆☆

〈シナノキ科〉

中近東原産で、寒暖差の激しい地域で育つだけに、非常に丈夫で栄養価も高い健康野菜として定着してきました。葉先を摘み取って枝数を増やしながら、長く収穫できます。

適したコンテナ

大きさ 中　　形

栽培カレンダー（関東標準）　生育適温 20〜30℃

	1	2	3	4	5	6	7	8	9	10	11	12
作業							植えつけ					
収穫期												

作り方Point
* 摘心を兼ねて収穫し、わき芽を伸ばして長く収穫する。
* 病害虫の心配がほとんどない。

Advice 市販苗は、コンテナに植えるにはまだ小さい場合があります。ひとまわり大きいポットに植え直し、本葉が5〜6枚になるまで育てるとよいでしょう。

植えつけ
45cmプランターに3株が適当

1 基本的に高温を好むので、暖かくなってから植えます。

2 45cmプランターを用意します。

3 培養土を6分目くらいまで入れます。最初の土は少なめです。

4 ポットから苗を出し、根を傷めないように1株ずつにします。

5 元々土に埋まっていた位置まで土に埋めます。指で示した高さです。

6 植え穴を掘って、苗を植えます。

7 15〜20cm間隔に植えつけます。

8 鉢底から水が流れ出るまで水を与えます。

✂ 摘心　わき芽を伸ばす

1 成長してきたら、枝の先端を切り取って、わき芽を伸ばします。

2 半分ほどの高さに、元気のよいわき芽の上で切ります。

追肥・増し土　葉より下の茎が半分埋まるくらいに土を足す

1 植えつけから1ヶ月ほど経ったら、月1回、有機配合肥料を小さじ1杯程度まきます。

2 葉より下の茎が半分ほど埋まるくらいに、土を足し入れます。

3 土を足し入れます。（肥料入りの培養土で増し土すれば、先の肥料は不要）

4 増し土しながら育てることで、長く収穫ができます。

モロヘイヤ

収穫　枝先10〜20cmを収穫する

1 わき芽が育ってきました。

2 枝先10〜20cmくらいの節の上で切ります。収穫後に、節からわき芽が伸びてくるので、さらに枝数を増やすことができます。

3 わき芽が伸びたら、枝先を収穫し、繰り返して収穫できます。

Advice

モロヘイヤのタネは、有毒物質を含んでいます。収穫するときには、収穫する箇所に実がないことを確認しましょう。実は、細長いさやです。

花

花がら

実

低カロリーなのにビタミン、ミネラル豊富

ヤーコン

〈キク科〉

かんたん！
★☆☆

見た目はサツマイモに似ていますが、シャキシャキとした食感です。カロリーが低く、オリゴ糖、ポリフェノール、カリウムなどを含み、健康野菜として注目されています。

適したコンテナ

| 大きさ | 大 | 形 | □ □ |

栽培カレンダー（関東標準）　生育適温 20〜25℃

	1	2	3	4	5	6	7	8	9	10	11	12
作業					植えつけ							
収穫期												

作り方Point
* 十分に暖かくなってから植えつける。
* 深さのあるコンテナで育てる。
* 生育途中で増し土して、じっくり育てる。

植えつけ
イモができるスペースを取る

丈夫だが、基本的に暖かい気候を好むので、暖かくなってから植えましょう。

1 10号鉢に土を7分目まで入れます。イモが株の下にできるので、その分多めにスペースを取ります。

（イモができるスペースを確保／増し土するスペースも取っておく）

2 ポットから取り出して、鉢の中央に置きます。

3 培養土を足し入れます。苗の土の表面の高さまで入れます。

4 根元を軽く押さえて、苗を落ち着かせます。

5 植えつけ後に土の表面がコンテナの高さの8分目くらいになるようにします。

6 鉢土全体に行き渡るように、たっぷり水を与えます。

追肥・増し土　根が肥大し始める頃に行う

1 株が大きく育って、根が肥大し始める頃に、追肥します。

2 根が浮き上がっています。ここが肥大する部分です。（根が浮き上がっている）

3 浮き上がった根が土に埋まるようにします。

4 肥料入りの培養土で増し土します。無肥料の土なら、先に小さじ1杯の肥料をまきます。

5 この後も、根が出ているようなら増し土します。

収穫　地上部が枯れ始めたら、イモが育っていることを確認して

1 秋になって、地上部の勢いがなくなってきたら、そろそろ収穫です。

2 根がいっぱいに張って取り出せないときは、側面を叩いて緩めます。

3 根元近くを持って、鉢から取り出します。

4 根をほぐすようにして、土を落とします。

5 できれば肥大したイモを折らないように、土を落としましょう。

6 洗える場所があれば、土を洗い流します。イモを根元から取って収穫します。

ヤーコン

赤色の実がルビーのように輝く
ラズベリー

〈バラ科〉

かんたん！ ★☆☆

落葉低木です。実は赤色に熟します。ラズベリーは比較的寒さに強い性質がありますが、その分、暑さにはやや弱いので、夏は乾燥と輻射熱などに注意が必要です。

適したコンテナ
大きさ　大・中　　形

栽培カレンダー（関東標準）　生育適温 15〜20℃

	1	2	3	4	5	6	7	8	9	10	11	12
作業				植えつけ・植え替え						植えつけ		
								せん定				
収穫期	樹木なので、春か秋に植えつければ、同じ株で毎年収穫を楽しむことができる											

作り方 Point
* 水はけのよい土で植える。
* 定期的に肥料を施し、肥料切れさせない。
* 毎年植え替えをする。

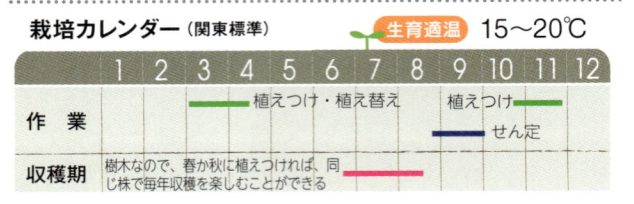

植えつけ
有機質肥料配合用土で植える

有機配合肥料入り市販培養土を使います。苗よりも1〜2まわり大きめのコンテナを用意します。苗は、成長に合わせて、ひとまわり大きいコンテナに植え替えていくと、よりよく育ちます。コンテナの6〜7分目まで土を入れ、苗をポットから取り出して、根を崩さずに植えつけます。苗の土の表面に薄く土がかぶるまで土を入れたら、軽く根元を押さえて、落ち着かせます。鉢底から水が流れ出るまでたっぷり水を与えます。

肥料
定期的に液肥を施す

コンテナでの栽培は、肥料切れを起こしやすいので、休眠期の冬期間と真夏期間以外は、定期的に施します。施す濃度や頻度は、各肥料の表記に従います。薄い肥料をこまめに施す方が効果的です。

収穫
赤色で収穫できる

熟すと、赤色になります。熟した実から収穫していきましょう。熟した実は鳥に食べられないようにします。

せん定
収穫後に枯れた枝などを切る

実の収穫後か冬の落葉期に、枝を整理します。枯れた枝、実をつけた枝はつけ根から切ります。株元から元気のよい新しい枝が伸びていたらそれを大切に伸ばします。

植え替え
1〜2まわり大きな鉢に替える

春の新芽が伸びる頃か、収穫後の秋に植え替えをします。苗が小さいうちは、毎年1〜2まわり大きな鉢へと植え替えます。方法は植えつけと同様で、新しい培養土か再生処理済みの用土で植え替えます。栽培から数年たち、大きく育ってそれ以上大きなコンテナにできなくなったら、植え替え時に根鉢の下3分の1程度と表面近くの根が張っていない部分の土を落として、傷んだ根をつけ根から切り、整理してから植え直します。同時に枝の整理もしておきましょう。

⚠ 病気・害虫
夏の乾燥と暑さで弱らせない

夏に乾燥するとハダニが発生しやすくなります。また、ケムシなどによる食害にも注意しましょう。

短期間で収穫できるから初心者にもおすすめ

ラディッシュ
（二十日大根）

〈アブラナ科〉

かんたん！
★☆☆

見た目にかわいらしく、比較的短期間に収穫できるので、初めて栽培するのにもっとも適した野菜です。丸い形や長い形、白と赤のバイカラーなど、楽しい品種も多数あります。

適したコンテナ

大きさ　**中**　**小**　形

栽培カレンダー（関東標準）　発芽適温 15〜25℃

	1	2	3	4	5	6	7	8	9	10	11	12
作業			タネまき									
収穫期												

作り方Point
* タネをまきすぎなければ、ほぼ手がかからず収穫できる。
* 収穫が遅れないようにする。

タネまき
1cm間隔にすじまきする

ラディッシュのタネ。比較的大きめなので、扱いやすいでしょう。

1 24〜30cmプランターなら1列で育てます。深さ1cmにすじをつけます。

2 約1cmくらいの間隔で、タネをまきます。

3 できるだけタネが重ならないように、また発芽率がよいので、まきすぎないようにしましょう。

4 周囲の土を寄せて、タネの上に土をかぶせます。

5 タネの上を、手のひらで押さえて、タネと土を密着させます。あまり強く押しつけすぎないようにします。発芽まで乾燥させないように管理します。

間引き
込み合うようなら

1cm間隔にまけば、ほぼそのまま収穫できます。込み合う箇所は、重なり合わないように間引きます。形が揃ったラディッシュを収穫したい場合は、本葉4～5枚で株間6cm程度にします。

肥料
定期的に液肥を施す

本葉4～5枚くらいになったら、肥料やりをします。2週間に1回程度、薄めの液肥を施します。また、胚軸（子葉の下、根までの部分）が出ていたら、子葉の下まで増し土します。

病気・害虫
ハモグリバエの被害が発生しやすい

	名称	症状／被害	対策
病気	モザイク病	葉にモザイク模様ができたり、株全体が萎縮したようになる。ウイルスが原因。	ウイルスを媒介するアブラムシなどを防除する。発病した鉢は処分する。
病気	苗立枯病	発芽した苗の根元が腐り、しおれる。	清潔な用土を用いて育てる。発症したコンテナは処分し、土は殺菌する。
害虫	アブラムシ	体長1mm程度の小さなムシが新芽や葉の裏などに群生して汁を吸う。	紙を広げた上に、筆などを使って払い落とす。
害虫	アオムシ	モンシロチョウの幼虫が、葉を食害する。	見つけ次第捕らえて処分。成虫を見かけたら、葉の裏に卵がないか確認する。
害虫	キスジノミハムシ	幼虫は根に、成虫は葉に発生して食害する。	成虫を見つけ次第捕らえて処分する。

収穫
直径2cm程度に育ったものから抜き取る

1 ラディッシュが、押しくらまんじゅうをするように育っています。

2 品種によりますが、直径2cm程度に育ったものから収穫します。

3 根元近くを持って、抜き取ります。

まだ大きく育っていないものは、そのまま残し、大きくなるまで育ててから収穫します。

イタリア料理に欠かせない
ルッコラ
〈アブラナ科〉

かんたん！
★☆☆

ロケットとも呼ばれます。ゴマの風味があるハーブとして、イタリア料理などによく用いられます。真夏と真冬以外はほぼ１年中収穫することができます。

適したコンテナ

大きさ 中 小　形

栽培カレンダー（関東標準）　発芽適温 15〜20℃

	1	2	3	4	5	6	7	8	9	10	11	12
作業								タネまき				
収穫期												

作り方Point
* 真夏は明るい日陰（P193参照）で育てる。
* 鉢土を乾燥させすぎないようにする。
* 花も収穫できるが、葉は硬くなる。

タネまき
すじまきか点まきにする

1 春から初夏にかけてと、秋にまくことができます。

2 プランターの８分目まで培養土を入れ、まき穴をつくります。

3 各まき穴に５〜10粒ずつタネをまきます。周囲の土を寄せて寄せて、土をかぶせます。

4 手のひらで押さえて、タネと土を密着させます。

間引き　葉と葉が重なり合わないように、成長にあわせて順次間引く

1 発芽が揃ったら、間引きをします。

2 隣の株と葉が重ならないようにします。他と比べて、生育が悪いものを間引きます。

3 残す株の根を傷めないように、間引く株の根元をハサミで切ります。

4 1カ所3本程度にします。この後、液肥などで追肥します。定期的に追肥しましょう。

収穫　1株ごとか、外葉から摘み取って収穫する

1 草丈が15〜20cmになったら、収穫します。

2 根元から切って収穫します。

3 1カ所1本になったら、外葉から必要量を摘み取って収穫してもよいでしょう。

病気・害虫　雨が当たらない場所に移動して病気の発生を予防

	名称	症状/被害	対策
病気	べと病	葉の表面に白色から淡黄色の病斑があらわれ、しだいに大きくなり褐色になる。葉裏にはカビが発生しやがて枯死する。	水はけのよい土で植えつける。雨が当たる場所を避ける。チッ素過多にしない。
病気	黒斑細菌病	葉に黒色の斑点ができ、周囲に広がる。	秋口に発生しやすい。肥料を切らさないようにする。
害虫	アブラムシ	体長1mm程度の小さなムシが新芽や葉の裏などに群生して汁を吸う。	紙を広げた上に、筆などを使って払い落とす。
害虫	アオムシ	モンシロチョウの幼虫が、葉を食害して穴をあける。	モンシロチョウが飛んでいたら、葉の裏を見て、卵がないか確認し、卵を見つけたらつぶす。幼虫を見つけ次第、捕って処分する。
害虫	ヨトウムシ	夜間に活動して、葉を食い荒らす。	被害を見つけたら、周囲や鉢の裏を確認して、見つけ次第、処分する。

ベビーリーフから利用できる
リーフレタス
〈キク科〉

かんたん！
★☆☆

結球しないタイプのレタスです。あるいは、いろいろなレタスのタネがミックスされたものも、同様に育てて使用することができます。手軽に育てられる野菜です。

適したコンテナ
大きさ 中 小　形

栽培カレンダー（関東標準）
発芽適温 15〜20℃

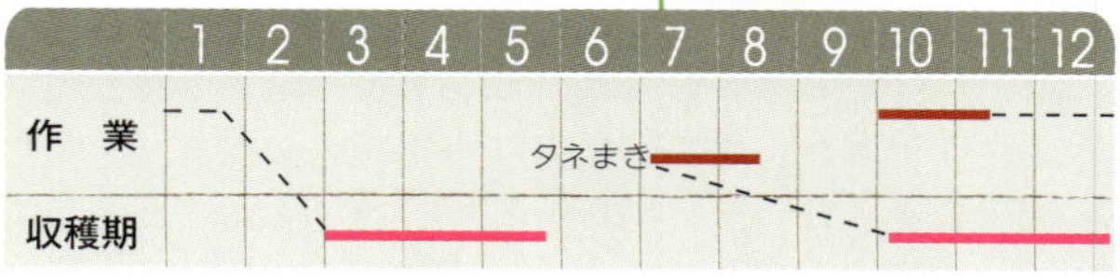

	1	2	3	4	5	6	7	8	9	10	11	12
作業							タネまき					
収穫期												

作り方Point
* ようやくタネが隠れる程度に土をかぶせる。
* 発芽後はしばらくそのまま育てる。
* ハモグリバエの被害に注意する。

タネまき
土はごく薄くかぶせる

1 レタスのタネは、発芽に光を必要とする好光性です。

2 プランターに培養土を入れ、8分目まで土を入れます。中央にまき溝を作ります。

3 タネを重ならないようにまきます。

4 タネが隠れる程度に土をかぶせ、上から押さえます。発芽まで乾燥させないようにします。

管理・収穫
間引きしすぎない

発芽したら、しばらくそのまま育てます。あまり間引きすぎない方がよいです。本葉4〜5枚になったら、生育が悪いものから、込み合う部分を間引きます。間引いた株はサラダなどに利用します。株が大きくなってきたら、今度は大きく育ったものから収穫して利用します。プランターに2株ほどになったら、外葉からかき取って収穫します。病害虫はレタス（結球）（P177）を参照してください。

肥料
定期的に液肥を施す

本葉が4〜5枚に育ったら、追肥を開始します。その後も、定期的に施します。施す濃度や頻度は、各肥料の表記に従いますが、濃いめの肥料を数回よりも、薄い肥料をこまめに施す方が効果的です。

結球から半結球まで種類が豊富

レタス（結球）

〈キク科〉

むずかしい ★★★

レタスの仲間には、結球するものと半結球するものがあります。結球するものは、できるだけ大きめのコンテナで、たっぷりの日差しで育てます。

適したコンテナ

大きさ	大 中	形	□ ◡ ⌂

栽培カレンダー（関東標準）　生育適温 15〜20℃

	1	2	3	4	5	6	7	8	9	10	11	12
作業						植えつけ			植えつけ			
収穫期												

作り方Point

* タネから育てる場合は、育苗ポットで。
* 根が弱いので、水はけをよくする。
* 土の量と日差しを十分に確保する。

植えつけ
苗の土の表面が、コンテナの土よりもやや高くなるように植える

1 本葉が4〜5枚になったら植えつけます。

2 コンテナの8分目まで土を入れ、適度に湿らせておきます。

3 中央に植え穴を掘ります。

4 苗を指の間に挟むように、ポットを持ちます。

5 ポットを返します。苗を挟んだ手で苗の土の表面を支えるように持ちます。

6 ポットの底穴から指で軽く押すようにして、ポットを外します。

7 苗は動かさないようにポットを外すのがポイント。根鉢を崩さないようにしましょう。

根鉢

		高めに植えつける →		
8 植え穴に入れます。	**9** 苗の土の表面が、少し高くなるようにします。		**10** 掘り上げた土で埋め戻します。	**11** 根元を押さえて、落ち着かせ、水を与えます。

肥料
定期的に施す

植えつけ後2週間ほど経ったら、液肥などで定期的に肥料を施します。

収穫
結球が締まったら

中央が結球して、固く締まったら収穫です。コンテナ栽培で土の量が限られるため、あまり結球が固くならないことがありますので、様子を見て判断しましょう。

病気・害虫
ハモグリバエの被害に注意する

	名称	症状／被害	対策
病気	べと病	葉の表面に白色から淡黄色の病斑があらわれ、しだいに大きくなり褐色になる。葉裏にはカビが発生し、やがて枯死する。	水はけのよい土で植えつける。雨が当たる場所を避ける。チッ素過多にしない。
	菌核病	葉の地際に湿った褐色の斑点ができる。	清潔な培養土で植えつける。発症したコンテナは処分する。
害虫	アブラムシ	体長1mm程度の小さなムシが新芽や葉の裏などに群生して汁を吸う。	紙を広げた上に、筆などを使って払い落とす。
	ハモグリバエ	葉の中に幼虫が入り込み、葉の中を食害。被害を受けた葉には、食害あとの白い線がつく。	被害を受けた葉ごと処分する。
	ナメクジ	夜間に活動して、葉を食い荒らす。やわらかい新芽がとくに被害を受けやすい。	昼間はコンテナの裏などに潜んでいるので、コンテナを持ち上げて確認。または夜間活動しているところを捕らえて処分する。
	ヨトウムシ	夜間に活動して、葉を食い荒らす。	被害を見つけたら、周囲や鉢の裏を確認して、見つけ次第処分する。

HELP!

＊結球しない！

日照不足や、気温が高過ぎる、低すぎることが原因です。また、コンテナ栽培の場合は、コンテナが小さくて根を十分に張ることができなかったことも原因となります。

＊下の葉から変色する

チッ素不足が原因と考えられます。肥料を施して、様子を見ます。

＊葉の表面がでこぼこする

チッ素過多が原因と考えられます。肥料やりを中止して、様子を見ます。

レタス

こんな野菜も育ててみよう！

ヘチマ
〈ウリ科〉

ふつう ★★☆

化粧水として利用されるへちま水を採取したり、タワシとして利用されます。食用のヘチマもあります。食用のヘチマは、若採りします。

適したコンテナ

| 大きさ | 大 | 形 | □ □ |

栽培カレンダー (関東標準)　生育適温 20〜25℃

	1	2	3	4	5	6	7	8	9	10	11	12
作業					植えつけ							
収穫期										━	━	

作り方Point
* 5〜6節で摘心してわき芽を伸ばす。
* キュウリに準じて育てる。
* 土が乾燥し切らないようにする。

摘心・植えつけ
5〜6節で摘心し、わき芽を伸ばす

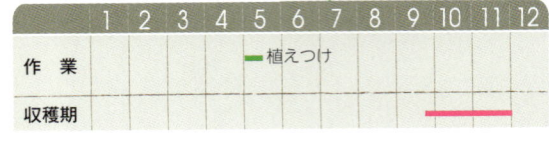

1 わき芽を伸ばすため、摘心します。

2 5〜6節目で切ります。

3 キュウリ (P52) 同様に植えます。

4 植えつけ後、つるを誘引して、水を。

管理
つるが伸びたら誘引する

つるが伸びたら、支柱の外側を回すように誘引します。植えつけ2週間後から追肥を開始します。液肥などを定期的に施しましょう。濃度や頻度は、パッケージの表記に従います。枯れた葉は、こまめに取り除きます。

収穫
実の下部が膨らんだら

1 下が膨らんだら収穫です。

2 実のつけ根のあたりから切ります。

ヘチマ水は、十五夜の頃に茎を地上30cmで切り、切り口から出てくる水を採取します。

ヒョウタン
〈ウリ科〉

ふつう ★★☆

高温と強い日差しが大好きで、1日に10cm以上も育つことがあるくらい、生育旺盛です。食用向きではありませんが、栽培してみると楽しい植物です。

適したコンテナ
大きさ：大
形：（長方形プランター、丸鉢）

栽培カレンダー（関東標準）
生育適温 20〜25℃

	1	2	3	4	5	6	7	8	9	10	11	12
作業					植えつけ							
収穫期												

作り方Point
* 十分に日が当たる環境で育てる。
* 確実に実をならせるには人工授粉する。
* 実が軽くなったら収穫。

摘心・植えつけ
4〜5節で摘心し、わき芽を伸ばす

1 本葉4〜5枚で摘心します。

2 キュウリに準じて植えつけます。

3 根が張るまで、仮支柱を立てます。

4 たっぷりと水を与えます。

管理
定期的に液肥を施す

つるが伸びたら、支柱の外側を回すように誘引します。植えつけ2週間後から液肥などを定期的に施しましょう。人工授粉させる場合、夕方から花が咲くので、雄花を摘んで、雌花の中心につけます。

収穫
実が軽くなったら

1 完熟した果実を収穫します。持ち上げてみて、それまでよりも軽く感じたら収穫適期です。収穫が遅れても問題ないので、葉が枯れるくらいまで待ってからでもよいでしょう。

2 実の茎をハサミで切ります。この部分は硬いので、けがをしないように注意しましょう。

179

こんな野菜も育ててみよう！

シイタケ
〈キシメジ科〉

かんたん！
★☆☆

キットとして販売されているシイタケ栽培セットを使えば、栽培はとても簡単です。毎日、成長する様子を見るのが楽しみです。

適したコンテナ
原木がすっぽり入る大きさのバケツまたは、こまめに霧吹きすれば、皿などでもよい。

作り方Point
* 室内で栽培できるが、エアコンの風が当たる場所は避ける。
* 栽培セットの育て方に従って育てる。

栽培開始
全体を湿らせて、水を入れた容器に

1 シイタケ栽培キットの一例。椎茸菌を埋め込んである。

椎茸菌

2 霧吹きなどで、全体を湿らせます。栽培キットの種類によって方法は異なります。

3 水を2〜3cm程度入れた容器にキットの原木を立てます。

管理
湿度を保つ

栽培場所は、日が当たらない室内でよいですが、エアコンの風が当たるような場所は避けましょう。水は、毎日取り替え、容器も洗います。風通しが悪い室内では、カビの発生に注意しましょう。原木から水分と養分を吸収するので、とくに手入れは必要ありません。

水を張った容器に原木を入れる。容器の上から見た写真。

収穫
傘が開ききる前に手でもぎ取る

十分に育ったものから収穫します。かさが開ききる前に収穫しましょう。手で簡単に取ることができます。

成長のようす

毎日すくすくと成長します

3日目 シイタケが出てきました。

4日目 傘が大きくなってきました。

5日目 傘と石づきのバランスが変化してきます。

6日目 もう、収穫できる大きさです。

7日目 傘が大きく育ちました。

8日目 収穫します。

傘の裏側。自分で育てた野菜の記録をつけるのも楽しい。

Photo by Emi Sato

シイタケ

こんな野菜も育ててみよう！

イネ
〈イネ科〉

コンテナでは、あまりたくさんは収穫できませんが、観賞用も兼ねて栽培してみましょう。夏の間は容器内の温度が高くなりすぎないように注意します。

黒ゴメ

適したコンテナ
大きさ 大 中　形

栽培カレンダー（関東標準）
発芽適温 20〜25℃

	1	2	3	4	5	6	7	8	9	10	11	12
作業			タネまき		植えつけ							
収穫期												

作り方Point
＊タネは1週間水に浸けておく。
＊土はできるだけ無肥料のものを使う。
＊雑草をこまめに取る。

タネまき
1週間、水に浸けてから

網袋にタネを入れ、水に浸します。2〜3日は水を替えず、その後は1日おきに水を取り替えて1週間程度水に浸けます。芽が少し出かけた頃が、タネまきの適期です。底が網になったバットに、タネまき用の土を3cm程度の厚さに入れ、そのバットが入る大きさの容器に水を張って底を浸けます。バットにタネを均一にまき、タネが隠れる程度に土をかぶせます。

育苗
発芽後1週間は明るい日陰に置く

発芽したら、1週間は明るい日陰（P193参照）の場所に置いて、徐々に日光と外気に慣らします。1週間経ったら、日当たりのよい場所に出します。土が乾燥しないように注意しましょう。

「田んぼ」の準備
よくかき混ぜて1〜2日放置する

畑の土があれば、それを利用します。市販培養土でパーライトやピートモスなどが入っているものは、軽くて浮いてしまうので、避けたほうがよいでしょう。有機質肥料は分解されないので、イネの容器栽培には向きません。養分が多いとアオミドロなどが発生しやすくなりますので、できるだけ肥料が入っていない土を用意します。容器の8分目まで土を入れ、化成肥料を、土1ℓにつき小さじ1杯程度入れます。水を入れて割り箸などでかき混ぜます。1〜2日放置します。

植えつけ
バケツの大きさなら1本ずつ2〜3カ所

準備ができたら、植えつけます。根元近くを持ち、土に押し込みます。深く植えすぎないようにしましょう。

管理
日当たりよく管理する

雑草が生えてきたら、こまめに抜き取りましょう。水が少なくなってきたら足し入れます。畑では水を切る作業が必要ですが、とくにその必要はありません。

収穫
稲穂が下がってきたら

イネが黄色に変色し、稲穂が垂れ下がってきたら収穫です。根元から刈り取ります。風通しのよい場所に、イネを逆さに吊して、1〜2週間乾燥させます。

コンテナで育てる
野菜づくりの基礎知識

> コンテナで育てる
> **野菜づくりの基礎知識**

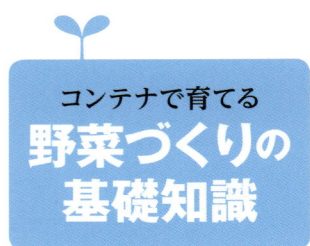

苗&タネ選び

園芸店などでは、たくさんの苗やタネが販売されています。市販されている苗の中には、時期が早すぎたり、あまり健康な状態ではないものもあります。苗の良し悪しががその後の成長を決めますので、しっかりとしたものを選びましょう。

苗選びのポイント

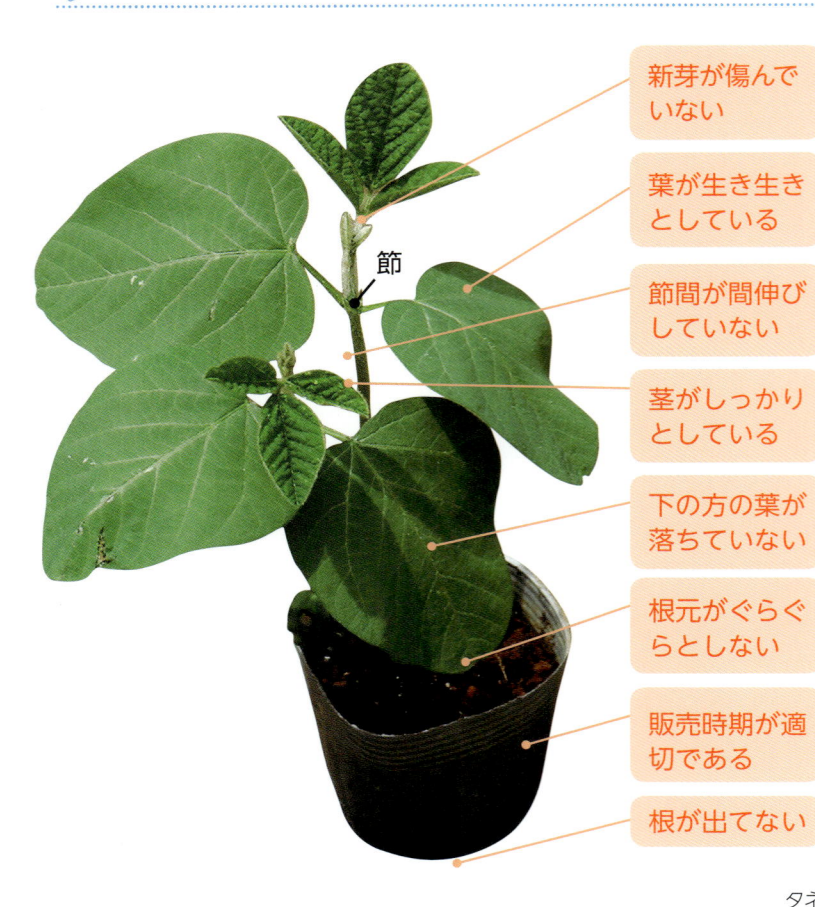

- 新芽が傷んでいない
- 葉が生き生きとしている
- 節間が間伸びしていない
- 茎がしっかりとしている
- 下の方の葉が落ちていない
- 根元がぐらぐらとしない
- 販売時期が適切である
- 根が出てない

節

徒長していない苗を選ぶ

　苗は、徒長（軟弱に、間伸びして育つこと）したものを避けます。春に、植えつけ適期よりも早く出回る苗には、温室で育てられたものがあり、そのような苗は徒長しがちです。そのまま植えてもうまく育ちません。とくに、ベランダでは、畑で育てるより、どうしても日差しが弱くなりがちです。植えつけ後の回復力も弱いので、できるだけよい苗を選ぶように心がけましょう。

　下の方の葉が落ちているもの、ポットの底から根が出ているようなものは、植えつけ適期を過ぎた、老化した苗です。やはり避けたほうがよいでしょう。

タネ選びのポイント

有効期限を確認する

　タネも生き物なので、前年に購入した残りを使わずに、毎年新しいタネを購入した方が、成功しやすくなります。

　タネ袋の後ろに、「有効期限」が記載されていますので、購入時に必ず確認します。

　また、タネ袋には発芽率というものを表示されているので、発芽率が比較的低いものは、少し多めにタネをまくようにします。

タネは、有効期限を確認して購入しましょう。

コンテナで育てる野菜づくりの基礎知識

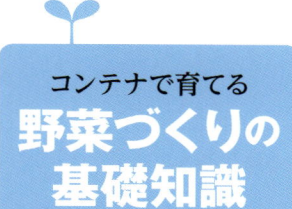

植えつけの基本

野菜の苗を植えつけるときのポイントは、根をできるだけ崩さずに植えることです。1ポットに数本の苗が植えてあった場合には根を崩して1本ずつにしますが、そのときもできるだけ根を傷めないように注意しましょう。

植えつけ方法

方法1　土を後で足す
最初に根鉢分を残して土を入れ、苗を置いてから、土を足し入れます。

方法2　植え穴を掘る
必要分の土を入れてから。畑に植えるように、植え穴を掘って植えつけます。

植えつけ方法は2種類

最初に、栽培に必要な高さまで土を入れてしまい、畑のように、植え穴を掘って植えつける方法と、根鉢の高さ分を残して土を入れ、苗を入れてから残りの土を入れて植えつける方法の2種類があります。どちらでもよいですが、植え穴を掘る方法の場合は、土が適度に湿っていることが大切です。後から足し入れる方法の場合は、土が乾燥気味でも大丈夫ですが、植えつけたらすぐに、たっぷりと水を与えます。根が乾いた土に長く接していると、成長したり、養分を吸収する根の先端が、乾燥して傷んでしまいます。

苗の取り出し方

1 苗を指の間に挟むように持ち、手のひらで支えるようにします。

2 苗を裏返して、ポットを外します。

3 苗を返すときには、根鉢を軽く支えます。（根鉢）

植えつけの深さ

ウリ科など　浅く植える
根が浅く張るので、根が現れない限り増し土はしません。最初から土を多めに、苗は浅めに植えます。

ナス科など　深く植える
土に埋まった茎の部分からも根が出るので、増し土して育てます。最初の土は少なめに、苗は深めに植えます。

185

コンテナで育てる 野菜づくりの基礎知識

タネまきの基本

タネから育てる方法には、すじまき、点まき、バラまきの3種類があります。
ほとんどは、すじまきまたは点まきをします。
それぞれの方法の基本を押さえておきましょう。

すじまきのポイント

1 培養土をコンテナの8分目まで入れます。板状のものや指などを使ってまき溝を作ります。

2 まき溝の深さは、野菜の種類によって異なりますが、1cm程度が目安です。列幅は各野菜に合わせます。

3 指先でタネを摘み、まき溝にタネをまきます。

4 発芽率によって、高いものは少なめに、低いものは多めにまきます。

5 周囲の土を寄せて、タネに土をかぶせます。土の厚さはタネによって異なりますが、だいたいタネの厚み分の土がかぶるようにします。

6 土をかぶせ終わったら、手のひらで上から押さえます。タネと土が密着することで、タネの乾燥を予防し、発芽をよくします。

まき溝をつけてからまく

縦または横に、まき溝をつけてからまく方法です。葉もの野菜などに適しています。

まき溝を1本にするか、2本にするかは、それぞれの野菜が育つのに必要な株間によります。幅15～20cmのコンテナならば1列、幅30cmくらいなら2列が目安です。

すじまきに適した野菜

オカノリ
オカヒジキ
カブ
コマツナ
サンチュ
シュンギク
スープセロリ
チンゲンサイ
ニラ
ビート
ホウレンソウ
パセリ
ミツバ
ミズナ
ミニニンジン
ラディッシュ
リーフレタス

シュンギク

ミニニンジン

ラディッシュ

👉 点まきのポイント

1 プランターの7〜8分目まで土を入れます。土の表面を、よく平らにならします。ビンの底などで、まき穴をつくります。（1cmほどへこませる）

2 それぞれの野菜に必要な株間に合わせて、まき穴をつくります。

3 まき穴1カ所に、5〜10粒、各野菜の発芽率やタネの大きさにあわせてまきます。

4 タネが重ならないよう等間隔にまきます。5粒の場合は、中央に1粒、周囲に4粒置きます。

5 周囲の土を寄せて、土をかぶせます。厚くかぶせると、発芽しくくなります。

6 手のひらで上から押さえて、タネと土を密着させます。

7 全体を平らに押さえておきましょう。

8 全体にまんべんなく、鉢底から水が流れ出るまで水を与えます。

株間をあけてタネをまく

あらかじめ、成長に必要な株間をあけてタネをまく方法です。まき穴1カ所に5〜10粒ずつまいて、発芽後に間引いていきます。1株を大きく育てる野菜に適しています。

まき穴の深さは、約1cmを目安に、各野菜に合わせて調整します。

点まきに適した野菜

エンサイ
オータムポエム
コウサイタイ
ダイコン
ハダイコン
ルッコラ

エンサイ

ダイコン

基礎知識

コンテナで育てる野菜づくりの基礎知識

支柱立てと誘引

キュウリやトマトなど、畑でも支柱を立てて誘引して育てる野菜はもちろん、畑では地面に這わせて育てるカボチャやスイカも、コンテナ栽培では、支柱を利用して育てます。しっかりとした支柱の立て方と、誘引方法をマスターしましょう。

骨格となる支柱のポイント

支柱を鉢に固定しておく

支柱は、後から土に挿すよりも、あらかじめコンテナに固定しておく方法がおすすめです。支柱そのものがしっかりとして倒れる心配がありません。

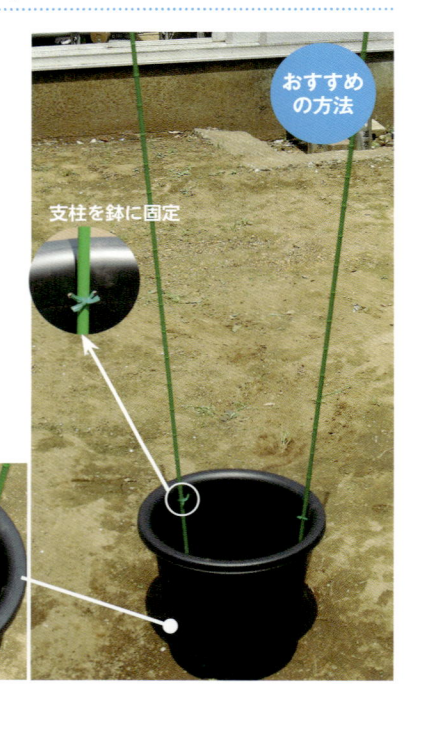

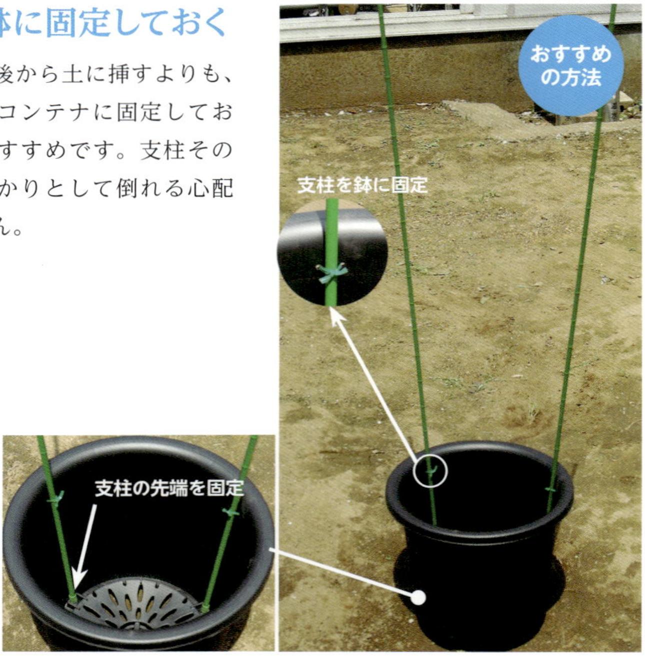

おすすめの方法
支柱を鉢に固定
支柱の先端を固定

支柱を立てておくとよい野菜

- カボチャ
- キュウリ
- シシトウ
- シロウリ
- スイカ
- トウガラシ
- トマト
- ナス
- ニガウリ
- パプリカ
- ピーマン
- メロン

カボチャ
キュウリ 
トマト 

補助となる支柱のポイント

横支柱をしっかりと取り付ける

横支柱をつける

実もの野菜などは、コンテナに固定した支柱に、さらに横支柱を取り付けて、実を支えるようにします。

横支柱があることで、支柱そのものもさらに強固になります。ビニールタイや麻ひもで、しっかりと取り付けましょう。

誘引のポイント 1　ひもの縛り方

1 縛る位置を決めたら、まず、ひもを支柱に固定します。写真のようにひもを支柱にかけます。左右に引っ張ると、ギュッと締まります。

2 茎の周囲にひもを回します。

3 茎は、ギュッと締め付けないように、余裕を持たせて縛りましょう。

ひもをしっかりと結ぶ

茎やつるを支柱に結びつけるときは、まず、支柱にしっかりとひもを結びつけて、動かないようにします。ギュッと縛れて、ほどくときには簡単にほどける結び方をマスターしておきましょう。茎は、まだこれから成長して太くなるので、余裕を持たせて、ゆるく縛っておくことが大切です。

誘引のポイント 2　つるの誘引方法

つるは外側に回す

キュウリやカボチャ、ニガウリなど、つる性の野菜を誘引するときには、つるを支柱の外側に出して、外側に巻き付けるように誘引します。

支柱の内側につるを通すと、支柱の内側が込み合って、日当たりと風通しが悪くなります。

つるは、支柱の外側に巻き付けるようにして誘引します。

誘引のポイント 3　実を支える

1 トマト、キュウリなど実もの野菜は、実が育つと、かなり重くなります。誘引は、ただ茎やつるを支柱に縛るだけでなく、実の下を支えるようにしましょう。実の重みで茎が折れるのも予防します。

（実がなる茎）

2 縛り方は、上記「ひもの縛り方」と同様です。実の茎そのものを支えるのではなく、その下の葉のつけ根あたりにひもを回すと、実や実の茎を傷める心配がありません。

（この葉のつけ根の下にひもを回す）

ひもで、実の下の葉を吊り上げる

実の重みで茎が下がったり、茎が折れることがありますので、実の下をひもで吊り上げるように誘引します。実の茎を直接縛ると、その茎を傷めてしまうことがあるので、実の茎のすぐ下の葉のつけ根（節）の下側にひもを回します。

スイカやメロンなども同様にしますが、実が育ってきたら、実のすぐ上をひもで縛って支えるようにします。

基礎知識

コンテナで育てる野菜づくりの基礎知識

コンテナ選び

コンテナのタイプによっても、野菜の生長具合は左右されます。
野菜の栽培によいコンテナの条件、育てる野菜に適した大きさや素材、形状を知って、コンテナを上手に活用しましょう。

🌱 コンテナのポイント

菊鉢（10号）
- 土がたくさん入る
- 支柱を固定できる
- 鉢底穴がたくさんある
- 軽くて持ちやすい

スリット鉢
- 側面にスリットがあることで、コンテナ内部の通気性がアップ
- 底に水がたまりにくい構造

水はけがよいものを選ぶ

野菜の栽培でもっとも大切なことのひとつが、土の水はけのよさです。

これには、土そのものの性質もありますが、コンテナの素材、構造などにも左右されます。

鉢底の穴が小さいものは、野菜の栽培には向きません。側面に1個だけ水抜き穴があるコンテナを使うときには、思い切って側面に数カ所穴をあけ、水はけと風通しをよくします。

キクの栽培用に開発された「菊鉢」は、容量が大きく、支柱を設置できるように工夫されています。また、鉢底の穴が大きいので、水はけがよい点もよいところです。

スリット鉢は、側面下部から底にかけてスリットが入った構造です。通気性が悪くなりやすい、側面下部に穴があいていることで、水はけと通気性のよいことがメリットです。

スリット鉢で育つツルムラサキ。

👆 コンテナの大きさと野菜との関係
短期間で収穫できるものは小型でもOK！
長期間は大きめに

　短期間で収穫でき、肥料分もそれほど必要ではない葉もの野菜などは、小型のコンテナでも十分に育ちます。反対に、収穫期間が長く、肥料もたくさん必要となる実もの野菜などは、できるだけ大きめのコンテナで育てます。

👆 コンテナの種類
それぞれの特性を知って、上手に活用

　作られている素材によっても、コンテナの持つ性質が異なります。
　素焼き鉢は、通気性がよいですし、見た目にもおしゃれな雰囲気になりますが、野菜を栽培するのに適した大きさとなると、重くなってしまうのが難点です。

	大型	
キャベツ カリフラワー コールラビ シソ タアサイ 葉ネギ レタス		カボチャ キュウリ ジャガイモ スイカ ズッキーニ トマト ピーマン
浅い		深い
コマツナ サンチュ シュンギク チンゲンサイ ミニニンジン ホウレンソウ ルッコラ		ミニニンジン
	小型	

素焼き鉢
粘土を焼いて作られたコンテナ

メリット
見た目がおしゃれ
通気性がよい
劣化しにくい

デメリット
重い
壊れやすい
小型のものは、乾燥しやすい

プラスチック製コンテナ
軽くて丈夫！ 扱いやすい

メリット
軽くて扱いやすい
落としても割れにくい
サイズが豊富

デメリット
水はけの悪いものがある
劣化する
見た目のやや劣るものがある

木製コンテナ
あたたかみのある雰囲気が魅力

メリット
見た目がナチュラル
落としても割れにくい
通気性がよい

デメリット
害虫の住処になりやすい
腐植する
水やり後は重くなる

吊り鉢
イチゴや矮性種のミニトマトの栽培に

　つり鉢タイプは、土の容量が少なくても育つ野菜などで利用します。実が垂れるイチゴや、矮性種（草丈が高くならないように改良された品種）のミニトマトを植えて吊ると、見た目も日当たりもよくなります。コンテナ菜園に変化をつける材料として取り入れてみてもよいでしょう。

基礎知識

コンテナで育てる 野菜づくりの基礎知識

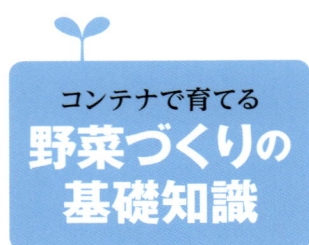

そろえておきたい道具

コンテナで野菜を育てるために必用な道具をそろえましょう。まずは、どうしても必要な道具から購入し、栽培に慣れてきて、必要だな、と思われる道具が出てきたら、買い足します。

必要な道具

ハサミ
管理全般で活躍

茎を切る作業などに使います。病株を切った後は、エタノールで消毒します。

ジョウロ
水やりする

先端のハス口が取り外せるものが便利です(詳しくはP198参照)。

土入れ
植えつけ・増し土に

植えつけ時に培養土を入れたり、増し土するのに便利。土をこぼしにくい構造です。

霧吹き
食酢の散布などに

液肥の葉面散布や、病気対策に食酢を薄めたものを散布するときなどに使います。

移植ごて
土を掘る・耕す

土の表面をほぐしたり、土を掘る、培養土をかき混ぜる作業などに使います。

バケツ
広範囲に活躍

水を与える、吸水させる、道具を洗う、培養土を混ぜる、などあらゆる場面で活躍します。

あると便利な道具

板
プランター幅で

まき溝をつけたり、タネまき前後に土の表面を平らにするのに使います。プランター幅のものがあると便利。

フルイ
土の再利用に

使用済みの土をふるい分けるときなどに使います。網目を取り替えられるものが便利です。

コンテナで育てる 野菜づくりの基礎知識

育てる場所

野菜には、それぞれ適した環境があります。なかでも、日当たり条件と温度は、生育に大きく影響します。野菜の好みの環境を知ることと、自分が野菜を栽培する場所の条件を知って、適切な環境で栽培しましょう。

日なた	ほぼ1日中日が当たる 1日5時間以上
半日陰／ 明るい日陰	半日程度の日照がある 木もれ日程度の日照がある 1日3〜4時間日が当たる
日陰	直射日光が当たらない

ほぼ1日中日が当たる場所が日なた

　野菜づくりも含め、園芸では、植物がどの程度の日当たり好むかを「日なた」「半日陰／明るい日陰」「日陰」という表現で示します。

　「日なた」は、ほぼ1日中日が当たる環境で、5時間以上の日照時間がある場所と考えればよいでしょう。

　「日陰」というのは、ほとんど日光が当たらない場所のことです。シイタケなどは、日陰の環境で育てます。

　「明るい日陰」「半日陰」というのは、日なたと日陰の中間の明るさの場所です。基本的には次のような場所のことをいいます。

・1日3〜4時間程度の日照がある
・直射日光は当たらないが、反射光がほぼ1日当たる
・夏は木もれ日程度の日照で、冬は直射日光が当たる

多くの野菜は日なたを好む

　野菜は、太陽の日差しを浴びて、生育に必要な養分を作り出しています。そこで、十分な日差しがないと、弱々しい株になってしまいます。とくに、夏野菜として人気の高いトマト、ナス、ピーマン、トウモロコシなどは、強い光が必要です。

　一方、本来日陰がちな場所で生育していたミツバなど、直射日光が苦手な野菜もあります。

　それぞれ適した環境で育てることで、株が元気に育ち、おいしい野菜が収穫できます。野菜を育てる場所の日当たり条件を調べて、適切な場所で栽培するようにしましょう。

気温にも注意しましょう

　生育気温も、上手に野菜を栽培するには、重要なポイントです。

　トマト、キュウリ、ナス、オクラといった野菜は、高温を好みます。苗をあまり早い時期に植えつけてしまうと、その後の生育も悪くなりがちです。

　一方、ホンレンソウやシュンギクなどは、夏の暑さが苦手で、この期間は病気にかかりやすくなります。

強い光が必要 （夏の日なた）	オクラ、スイカ、トウモロコシ、トマト、ナス、サツマイモ　など
やや強い光が 必要（日なた）	カボチャ、キュウリ、ニガウリ、カブ、ゴボウ、ショウガ、ダイコン、ニンジン、サトイモ、ジャガイモ　など
弱い光に耐える（半日陰）	イチゴ、コマツナ、シュンギク、タマネギ、ネギ、エンドウマメ、レタス　など
弱い光を好む （日陰）	ミツバ、ミョウガ、シイタケ　など

高温を好む （25〜30℃）	オクラ、サツマイモ、サトイモ、シシトウ、トウガラシ、ツルムラサキ、ナス、ニガウリ、ピーマン、モロヘイヤ　など
やや高温を好む （20〜24℃）	アシタバ、エダマメ、カボチャ、ゴボウ、キュウリ、タマネギ、ネギ、パセリ　など
やや低温を好む （14〜19℃）	イチゴ、カブ、ミズナ、ジャガイモ、シュンギク、ダイコン、ハクサイ、ブロッコリー、レタス　など

ベランダで栽培するときの注意

ベランダ環境の確認ポイント

ベランダならではの条件を知る

ベランダでする野菜づくりには、ベランダならではの条件があります。ベランダの環境とマナー、ルールについて、確認しておきましょう。

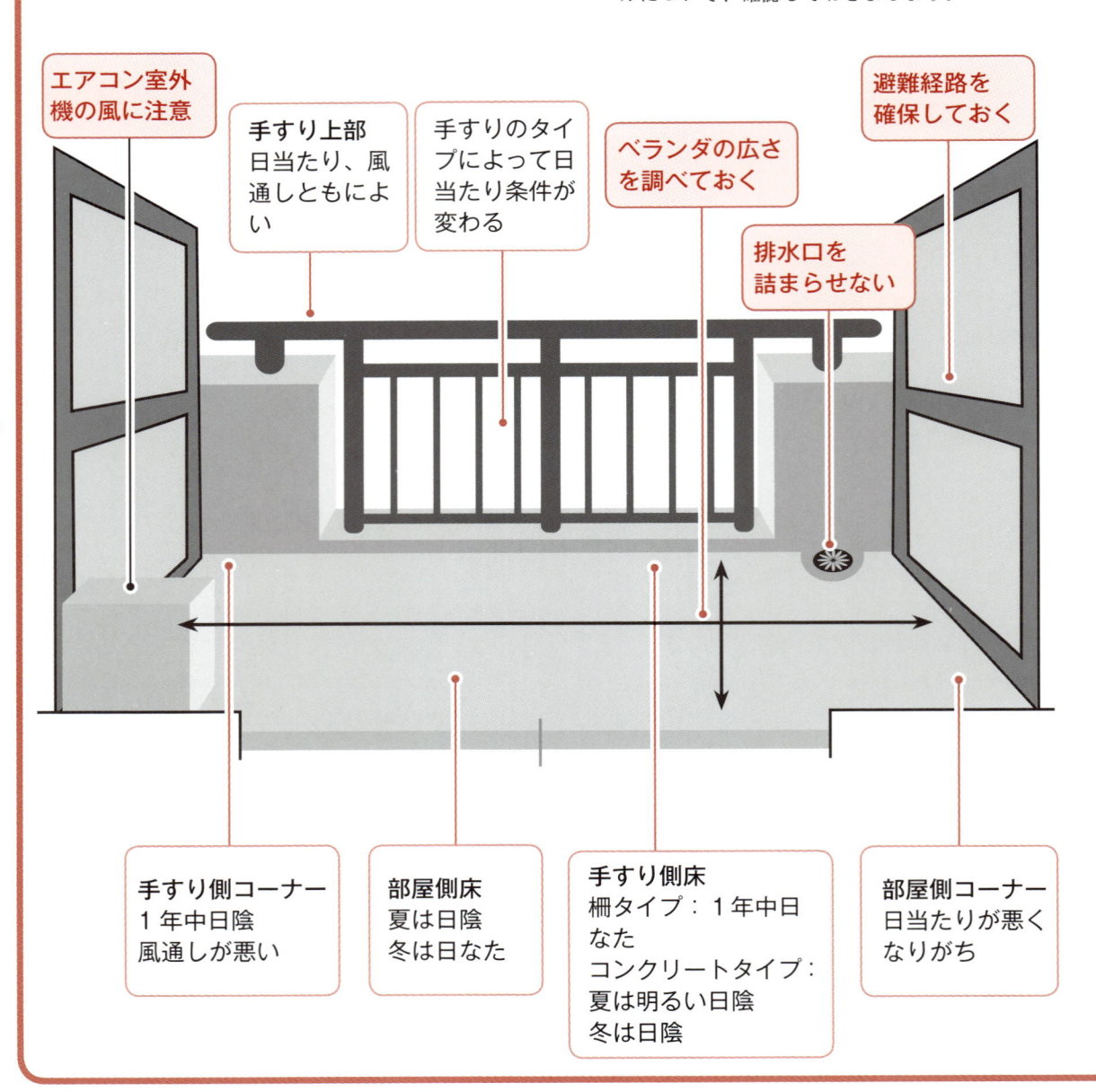

エアコン室外機の風に注意

手すり上部
日当たり、風通しともによい

手すりのタイプによって日当たり条件が変わる

ベランダの広さを調べておく

排水口を詰まらせない

避難経路を確保しておく

手すり側コーナー
1年中日陰
風通しが悪い

部屋側床
夏は日陰
冬は日なた

手すり側床
柵タイプ：1年中日なた
コンクリートタイプ：
夏は明るい日陰
冬は日陰

部屋側コーナー
日当たりが悪くなりがち

夏の気温の上昇対策をする

ベランダをより野菜づくりに適した環境にするためには、次のようなポイントがあります。

●真夏の気温の上昇を避ける
コンクリートが太陽光で熱せられ、ベランダ内の気温はとても高くなってしまいます。床にウッドパネルを敷くなどして、気温の上昇を防ぎます。

●少しでも日当たり時間が長くなるようにする
限られた空間なので、日照時間が制限されます。手すり近くにコンテナを設置する、ひな壇に並べるなど、できるだけ日当たり時間を長く確保する工夫をしましょう。

●水やりのしやすさと、排水経路を確保する
とくに夏の期間は、朝晩の水やりが必要になることがあります。小さなジョウロで何度も往復するのは、大変です。ホースを使うなど、できるだけ負担を軽減します。また、排水口を詰まらせることがないように、ゴミや土の流出防止を心がけます。

ベランダ環境改善のポイント

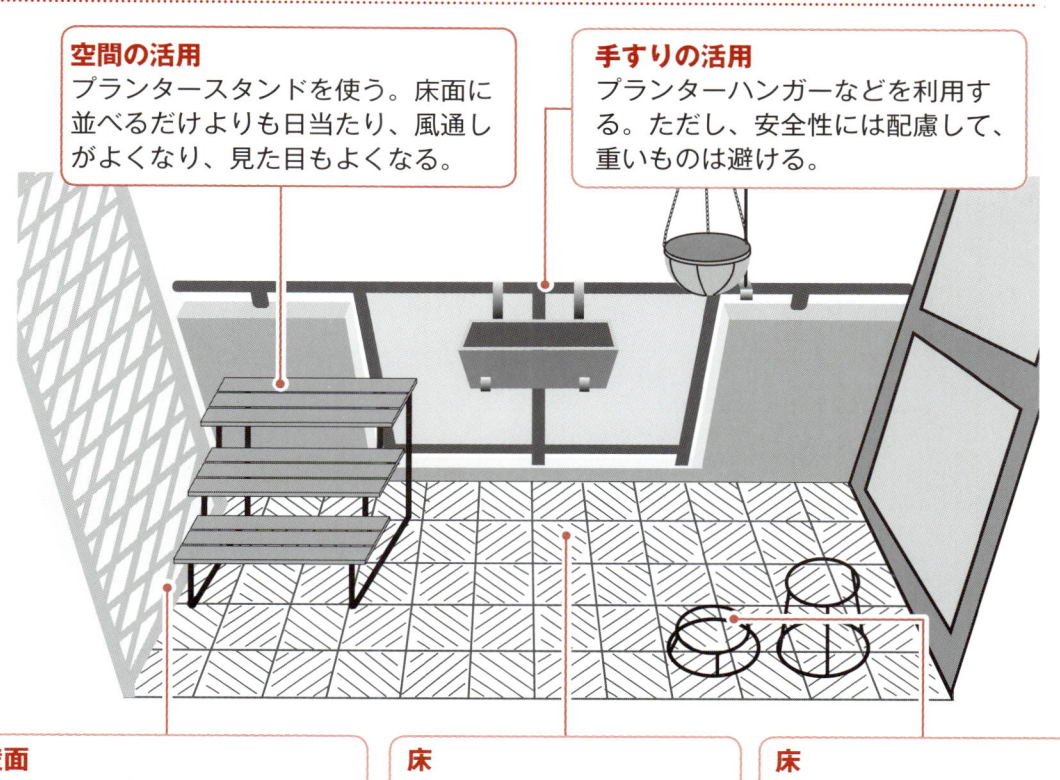

空間の活用
プランタースタンドを使う。床面に並べるだけよりも日当たり、風通しがよくなり、見た目もよくなる。

手すりの活用
プランターハンガーなどを利用する。ただし、安全性には配慮して、重いものは避ける。

壁面
ラティスなどを設置。白い壁は夏の照り返しで植物が傷むことがあるので予防する。

床
ウッドパネルを敷く。床の照り返しを防ぎ、ベランダ内の気温の上昇を軽減。

床
プランタースタンドを使う。床に直接置かないことで、水はけがよくなる。

基礎知識

コンテナで育てる 野菜づくりの基礎知識

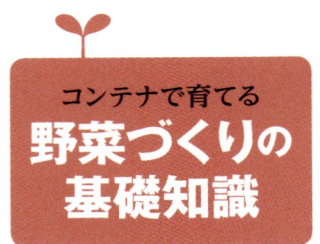

野菜づくりの土

土は、野菜づくりの基本です。よい土で育てることが、おいしい野菜の収穫につながります。また、最近では使用済みの土の処理が問題になっています。できるだけリサイクルするように心がけましょう。

野菜づくりに適した土のポイント

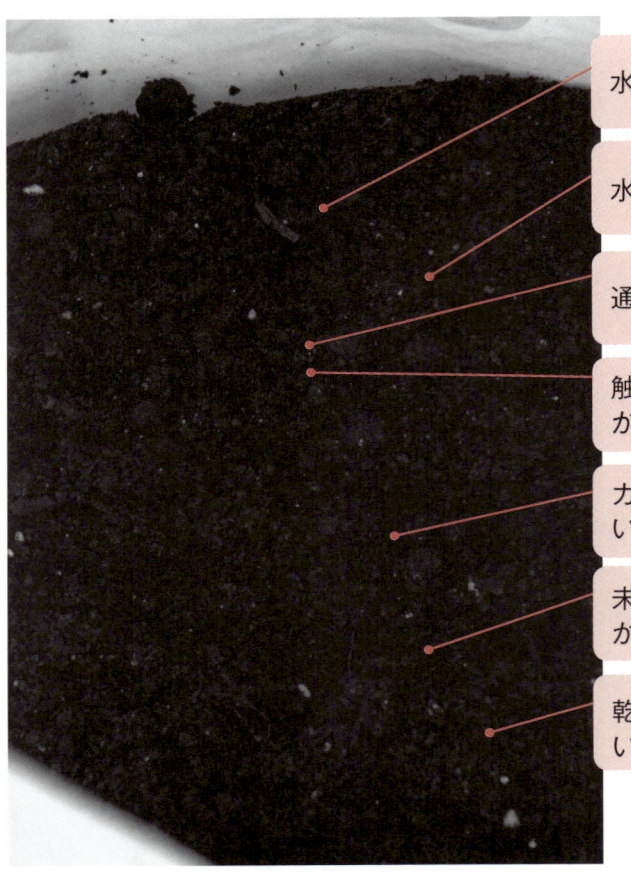

- 水はけがよい
- 水もちがよい
- 通気性がよい
- 触るとふかふかとしている
- カビが生えていない
- 未熟な腐葉土がない
- 乾燥していない

市販培養土を利用する

コンテナで野菜を育てる場合は、市販されている野菜用培養土を用いるとよいでしょう。

多くの野菜の栽培に適するように配合されているので、初心者でも失敗せずに育てることができます。多くは元肥が入っているので、植えつけ時にはとくに肥料を混ぜる必要はないでしょう。

ただ、市販培養土も品質はまちまちです。土がカラカラに乾いているもの、反対にべったりしているようなものは避けましょう。

また、腐葉土などが黒っぽくなっていない、まだ生っぽい感じがするものは避けます。

ベランダ用やハンギングバスケット用の軽い土の方が通気性がよいのでおすすめです。

土をブレンドする場合のポイント

基本のブレンド

市販培養土ではなく、赤玉土、腐葉土を購入して自分でブレンドすることもできます。栽培に慣れてきたら、各野菜の性質や自分の好みに合わせて調整するとよいでしょう。

赤玉土中粒：腐葉土＝6：4

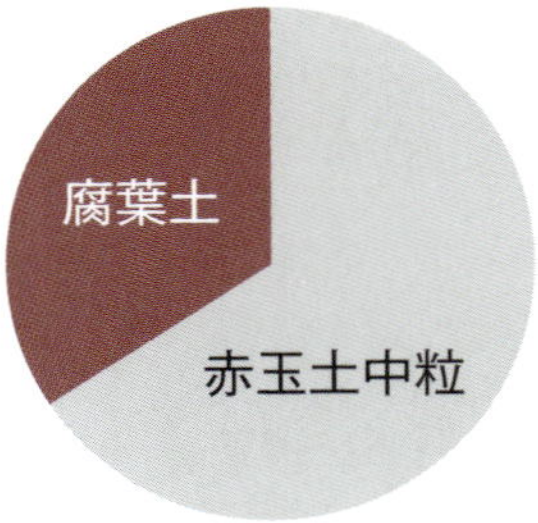

- 腐葉土
- 赤玉土中粒

🌱 土のリサイクル方法

1 使用済みの土です。

2 フルイに土を入れます。フルイの目は5〜7mmです。

3 フルイにかけます。

4 古い根は取り除きます。

5 ゴミを取り除きながら、フルイにかけます。

6 フルイに残ったものは、ゴミは取り除き、ゴロ土などは、ふるった土に戻します。

7 土をすべてふるったら、リサイクル材を入れます。

8 全体にまんべんなく、全体が均一になるように混ぜます。

9 土袋に入れます。

10 袋に穴を空け、通気性をよくします。

使った土はリサイクル

使用済みの土は、古い根などを取り除き、土のリサイクル材を混ぜて休ませてから、再利用しましょう。夏に使った土なら、翌年春の植えつけに使えます。病気の心配がある場合は、袋に入れてコンクリートの上に放置するなどして、殺菌してからリサイクル材を混ぜて休ませます。

土のリサイクル材。使用済みの土に混ぜておくと、土の活力がよみがえります。

基礎知識

コンテナで育てる野菜づくりの基礎知識

水やりの基本

コンテナでの栽培は、水やりが欠かせません。乾燥させてしまうと枯れてしまうのはもちろんですが、水を与えすぎても枯れてしまいます。適切な水やり方法を身につけましょう。

よい散水ノズルを使いましょう

よい散水ノズル　容量が大きい

散水ノズルの容量が大きい方が、水の勢いがやわらかくなります。

好ましくない　容量が小さい

散水ノズルの容量が小さいと、水の勢いが強くなって、苗が傷んだり、土が固くなりやすくなります。

散水ノズルを選ぶ

ジョウロやホースの散水ノズル（ハス口）の容量が大きいものを使いましょう。

散水ノズルの容量が大きいと、水の勢いがやわらかくなります。容量が小さいと水の勢いが強くなり、株を傷めたり、土を固く締めてしまう原因となります。また、ポタポタと垂れやすくなります。

> この部分の容量が多いことがポイント

水やりの方法

1 ウォータースペースいっぱいに水を溜めます。

2 一度水が引くのを待ちます。

3 再び、ウォータースペースいっぱいまで水を入れます。これを3回ほど繰り返します。

水やりの基本

基本1　土の表面が乾いたら

土の表面が乾いたら、上記「水やりの方法」のように水やりをします。

基本2　土に直接与える

葉などに水をあまりかけないように、土に直接水を与えます。鉢土全体にまんべんなく与えます。

コンテナで育てる野菜づくりの基礎知識

肥料の基本

肥料は、野菜が生長したり、体の機能を維持するために必要な養分を補給するためのものです。少ないと生育が悪くなりますが、多すぎても生育が悪くなります。適量を適切に施すようにします。

🌱 液肥の施し方

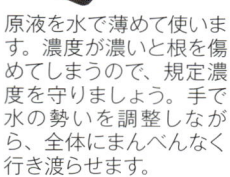

原液を水で薄めて使います。濃度が濃いと根を傷めてしまうので、規定濃度を守りましょう。手で水の勢いを調整しながら、全体にまんべんなく行き渡らせます。

実もの野菜は、最初の実が大きくなり始めた頃から追肥をします。2〜3週間に1回、小さじ1〜2杯を、縁に沿うようにできるだけ均一にまきます。

葉もの野菜では液肥がおすすめ

肥料は、植えつけ時に施す「元肥（もとごえ）」と、成長の様子に合わせて施す「追肥（ついひ）」があります。元肥は培養土に混ぜて使いますが、市販培養土では、元肥入りがほとんどですので、植えつけ時には、とくに肥料を施す必要はありません。

葉もの野菜は、植えつけ後2週間程度たったら、追肥を施します。タネまきから収穫までの期間が短いので、肥料効果がすぐに現れる液肥がおすすめです。濃度が濃いと、肥料効果が高まるどころか、根を傷めてしまうことがありますので、規定濃度を守りましょう。

実もの野菜では粒状肥料を

トマトなどの実もの野菜は、肥料効果が長く持続した方がよいので、粒状肥料で追肥するとよいでしょう。1回に施す量は小さじ1〜2杯程度です。このときの肥料は、チッ素-リン酸-カリ＝5-8-5などリン酸成分が多めのものがおすすめです。コンテナの縁近くにパラパラとまきます。

🌱 肥料表記の見方

肥料成分の含有量を確認しましょう

市販されている肥料では、右のように表記されています。Nはチッ素、Pはリン酸、Kはカリの略号です。

数値は、肥料要素が何％含まれているかを示しています。

つまり、右の例では、肥料100g中に、チッ素5g、リン酸8g、カリ5gが含まれていることになります。

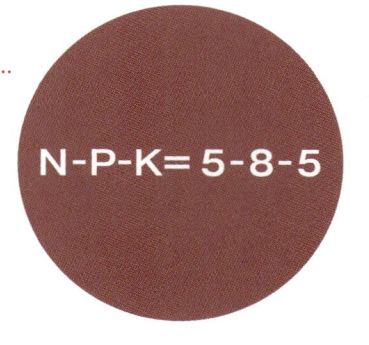

N-P-K＝5-8-5

🌱 肥料のはたらき

- チッ素：枝葉を茂らせる
- カリ：根の成長を促進し、野菜の抵抗力を高める
- リン酸：花を咲かせ、実をならせる

チッ素は葉を茂らせる

　チッ素（N）、リン酸（P）、カリ（K）などの肥料要素は、それぞれはたらきがあります。

　野菜の成長にとくに多く必要とされる肥料成分が、チッ素、リン酸、カリで、これらは「三要素」と呼ばれます。

　チッ素は枝葉を茂らせるので、通称「葉肥（はごえ）」と呼ばれます。

　リン酸は、花を咲かせ、実をならせます。通称「実肥（みごえ）」と呼ばれ、実もの野菜ではとくに重要な要素です。

　カリは、根の成長を促進し、野菜の抵抗力を高めるのに重要なはたらきをします。「根肥（ねごえ）」と呼ばれます。

　三要素以外でおもに必要な要素とそのはたらきを、右ページの表にまとめました。それぞれは、単独ではたらくことはなく、相互に関係しあっているので、バランスよく施すことが大切です。

🌱 肥料の種類
有機質肥料がおすすめ

　肥料の種類を、原料で分類すると有機質肥料と化学肥料の2種類があります。有機質肥料は、植物油の絞りかすや鶏ふんなどの天然素材から作られたもので、野菜づくりでは、有機栽培の肥料として注目されています。

　肥料成分が安定しない、においがあるなど扱いにくい面がありましたが、最近では成分がバランスよく調合されたもの、においやカビの発生などの心配がほとんどない製品が増えてきました。コンテナでも手軽に有機栽培ができるようになってきています。

　化学肥料は、化学合成によって、肥料成分がバランスよく配合された肥料です。清潔でにおいもなく、ベランダなどで栽培するには使いやすくて便利です。施し過ぎると根を傷めることがありますので、必ず表示された量を守りましょう。

野菜が育つのに必要なおもな成分

	名称	役割	欠乏したときの障害
大量要素	炭素（C）、酸素（O）、水素（H）	植物の体を構成。9割を占めます。	空気や水から得るので、肥料として施す必要はありません。
三要素（大量要素）	チッ素（N）	茎や葉を茂らせます。タンパク質やアミノ酸の成分となり、もっとも多く必要とされる養分です。	葉の色が黄緑色もしくは黄色になり、葉が小さくなります。全体に生育が悪くなります。
	リン酸（P）	生育が盛んな部分や、花やつぼみ、実の成長を促進します。根の成長にも大きく関わっています。	葉が紫色になります。生育の初期に不足すると、根の成長が悪くなり、全体の発育が悪くなります。
	カリ（K）	根の成長を促進します。光合成を盛んにして、実つきをよくします。イモを肥大させます。また、チッ素肥料の効き過ぎを抑制します。	下葉から斑点が発生したり、葉の周辺や葉脈間が黄色に変色して、やがて枯れてしまいます。
中量要素	カルシウム（Ca）	チッ素がタンパク質やアミノ酸に変化するのを助けます。有機物を中和し、細胞を結合させます。	新芽や若い芽の先端が枯れる、トマトの果実が尻腐れに、結球野菜やタマネギの心が腐るなどの症状が出ます。
	マグネシウム（Mg）	葉緑素をつくっています。	とくにナス科の野菜は、下葉の葉脈間が黄色になります。ホウレンソウなどが葉脈に沿って黄白化します。
	イオウ（S）	アミノ酸の成分。ネギ、ダイコンなどの辛みや苦みの元となります。	タンパク質の合成が弱まり、葉の色が悪く、生育が悪くなります。チッ素不足の症状と似ています。
微量要素（ミネラル）	鉄（Fe）	葉緑素をつくっています。	若い葉の色が抜け、白色の葉になってしまいます。
	マンガン（Mn） 銅（Cu） ホウ素（B） 亜鉛（Zn） モリブデン（Mo） 塩素（Cl）	葉緑素をつくったり、酸素を活性化させるなどの個別のはたらきのほか、ほかの養分と関係し合いながらはたらきます。	葉がもろくなったり、心や根にゴマ斑が発生したり、花蕾をつくらなくなるなどの障害が発生します。

増し土の効果

成長に合わせて土の量を増やす

　本書では、トマト、ナスなどナス科の野菜では、植えつけ時の土は、コンテナの6分目までしか入れず、成長に合わせて増し土をする方法を推奨しています。

　これは、根の成長と関わっています。

　苗をいきなり大きなコンテナでたっぷりの土で植えてしまうと、根は酸素が多いコンテナの縁近くに根を張ってしまい、鉢土全体に根を張ることができなくなります。また、土が多いことで、成長が止まってしまう場合もあります。

　そこで、最初は**土を少なめにして、鉢土全体に根をしっかりと張る**ことができる環境にしてやります。鉢土いっぱいに根が育ったら、新しい土を足し入れて、新しい根が成長できるスペースをつくってやります。

　ただし、ウリ科には逆効果ですので、ウリ科は最初から十分な土の量で育てましょう。

いきなり大きなコンテナに植えつけると…

酸素が少ない鉢の中央に根が張らない

コンテナで育てる野菜づくりの基礎知識

病気・害虫対策

コンテナでの栽培は、畑に比べると病害虫の被害を受けにくいといったメリットがあります。一方、日照不足や風通しの悪さ、乾燥による被害は、畑より受けやすい面もあります。まずは適切な環境づくりをしましょう。

予防のポイント

- ●健康な苗を購入する
- ●病気や害虫を持ち込まない
- ●清潔な培養土を使う
- ●コンテナとコンテナの間を十分にとって、風通しをよくする
- ●タネをまきすぎない
- ●適切な株間で植えつける
- ●日当たり環境などが適切な場所で育てる
- ●乾燥させないように注意する
- ●水はけをよくする
- ●枯れた葉などはこまめに取り除く

よい苗を選ぶ

　病気や害虫被害をできるだけ受けないようにするには、まず、よい苗を育てることです。植えつけの適期に出回る苗で、園芸店に入荷して間もないものを選びましょう。とくに、間のびしたようなひょろっとした苗は避けるようにします。

　次に、清潔な培養土で植えつけましょう。一度使用した土をそのまま利用するのはやめましょう。新しい市販培養土を用いるか、殺菌して半年ほど休ませた土に半分ほど新しい培養土を混ぜて使います。

風通しをよくする

　コンテナの数が増えてくると、どうしても密に並べてしまいがちです。しかし、コンテナとコンテナをくっつけてしまうと、風通しが悪くなり、病害虫の温床となります。

　できるだけコンテナとコンテナの間を十分にあけましょう。

　また、床にコンテナを並べるのもまた、風通しが悪くなります。花台などを利用することで、高さに差をつけると、風通しがよくなり、日当たりや見た目の改善にもなります。

乾燥に注意する

　ベランダなどでもっとも大変なのは、毎日の水やりでしょう。とくに夏は、場合によっては、朝・晩2回が必要です。

　夏の高温乾燥期には、ハダニが発生しやすいので、注意しましょう。

　乾燥させてしまうと、株が弱る原因ともなります。

　また、コンテナはときどき向きを変えてやりましょう。見えない裏側は、風通しも悪くなりがちで、アブラムシなどが発生しやすくなります。

枯れ葉はこまめに取り除いて、病気の発生を予防します。

薬剤を使った病害虫の駆除
薬剤は、適量を適切に使うことが大切

　せっかく自分で野菜を育てるなら、できるだけ薬剤を使わない野菜づくりを目指したいですね。

　もし、薬剤を使って駆除する場合には、使用方法をよく守りましょう。被害が拡大してから薬剤を散布しても、薬剤を大量に使うことになり、また十分な効果が得られないことがあります。できれば、発生初期の段階での使用が効果的です。

　種類はいろいろとありますが、ベランダなどでは、スプレー剤が使いやすいでしょう。

薬剤使用のポイント

- ●適した薬剤を使う
- ●使用期限、量、回数を守る
- ●早めに、ピンポイントで使用する
- ●ばらまくタイプより散布するタイプを使う
- ●散布時は手袋、マスクを着用する
- ●ペットなどに注意する

薬剤に頼らない病気・害虫対策
コンパニオンプランツや益虫を利用

　薬剤を使わないで害虫を予防する方法で、もっとも確実で効果的なのは、防虫網を使って覆うことです。これは、コマツナなど葉もの野菜で効果的な方法です。防虫網は、園芸店などで販売されています。

　劇的な効果があるわけではありませんが、コンパニオンプランツを使うという方法もあります。コンパニオンプランツとは、近くに植えるとお互いによい効果を及ぼすとされている植物の組み合わせです。効果があるとされているのは、トマトとバジル、キャベツやニンジンとタイム、トマト、イチゴ、エンドウとボリジです。また、ペニーロイヤルミントは、あらゆる野菜によい影響があり、害虫を除ける効果があるとされています。これら効果を及ぼす作用は、食の安全や環境問題への関心の高まりもあり、今後の研究が注目されています。

　また、アブラムシを引き寄せる黄色の粘着テープや、アザミウマを引き寄せる青色の粘着テープなども利用してみるのもよいでしょう。反対に、コンテナや支柱、ひもには、黄色や青色は使わないほうがよいでしょう。アブラムシなどは、反射光を嫌うのできらきらテープ、アルミホイルを敷くといった方法もあります。

ペニーロイヤルミント（立性）。害虫を除ける効果があるとされています。

ナナホシテントウ。アブラムシなどの害虫を捕食してくれます。

カマキリ。生きた昆虫を捕食するので、害虫対策になります。

おもな病気と対策

名称	症状／被害	対策
青枯病（あおがれ）	ある程度の大きさまで育ったときに、葉や茎が急にしおれて枯れる。	土の中の菌が原因。水はけのよい清潔な用土に植えつけて予防する。発症したらすぐに処分する。
疫病（えき）	葉や茎に黒褐色の斑点ができ、やがてカビが発生する。	清潔な土で植える。チッ素過多、茂りすぎにならないようにする。発症したら殺菌剤を散布して駆除する。
うどんこ病	茎や葉の表面に白い粉をまぶしたようにカビが発生する。	日当たり、風通しをよくする。チッ素肥料や水を過多にしない。発症したら、食酢を散布する。（＊注）
褐色腐敗病（かっしょくふはい）	茎や葉、果実に褐色の小さな斑点ができる。	風通しよくして予防する。発症した部位は取り除く。
菌核病（きんかく）	葉の地際に湿った褐色の斑点ができる。	清潔な土に植えつけて予防する。発症したコンテナの株は処分し、土は殺菌する。
黒腐病（くろぐされ）	葉が黄色に変色し、次第に黒がかっていき、やがて葉が落ちる。	清潔な土に植えつけて予防する。発症したコンテナの株は処分し、土は殺菌する。
黒斑病（こくはん）	葉に黒色の斑点ができて周囲に広がり、斑点にカビが発生する。	発症しやすい梅雨の時期にはとくに注意する。肥料を切らさないようにする。
黒斑細菌病（こくはんさいきん）	葉に黒色の斑点ができて周囲に広がる。カビは発生しない。	秋口に発症しやすい。肥料を切らさないようにする。
さび病	葉に橙黄色のイボ状の斑点ができ、やがて中から粉状の胞子が飛び散る。	発症した葉は取り除く。取り除いた葉は近くに放置せずに、すぐに処分する。
立枯病（たちがれ）	地面に近い茎の部分が黄色に変色して枯死し、株がしおれて枯れる。	間引きを適切に行い、風通しをよくして予防する。水はけが悪いと発症の原因となるので、深植えしないようにする。
軟腐病（なんぷ）	傷口から菌が侵入して、地面に近い葉や茎、根などが腐ってドロドロになり、嫌なにおいがする。	害虫をこまめに駆除して、根や茎に傷をつけないようにする。発症したコンテナの株は処分し、土は殺菌する。
灰色かび病（はいいろ）	葉や茎の傷口から菌が侵入し、溶けるように腐り、やがて灰色のカビに覆われる。	水はけ、風通しをよくして予防する。葉や茎に傷をつけないように注意する。発症した部分は切り取って処分する。
半身萎凋病（はんしんいちょう）	葉の半分が黄変し、萎縮したように枯れる。	土の中の菌が原因。発症したコンテナの株は処分し、土は殺菌する。
斑点病（はんてん）	葉や茎に暗褐色の斑点が発生し、発症した葉はやがて枯れる。	葉や茎が茂りすぎないように整枝して予防する。発症した葉は取り除いて処分する。
斑点細菌病（はんてんさいきん）	葉や茎に暗褐色か白色の斑点ができ、発症した株は枯れる。	茂りすぎないように整枝して予防する。発症したコンテナの株は処分する。
べと病	葉の表面に白色から淡黄色の病斑が現れ、しだいに大きくなり、褐色になる。葉裏にはカビが発生してやがて枯死する。	間引きをして風通し、日当たりをよくする。肥料の過不足に注意する。
モザイク病	葉がモザイク状になったり、株全体が萎縮したりする。ウイルスが原因。	ウイルスを媒介するアブラムシなどを駆除する。発症したコンテナの株は処分する。

（＊注） 市販されている食酢→100倍に薄めて使用する。効果が見られないようなら50倍に。植物によって酢が強すぎる場合もあるので、様子を見ながら調節しながら散布すること。

おもな害虫と対策

名称	症状／被害	対策
アオムシ	モンシロチョウの幼虫が葉を食害する。	モンシロチョウが飛んでいたら、葉の裏を確認して卵を探して処分する。幼虫が食害していたら、捕らえて処分する。
キアゲハの幼虫	キアゲハの幼虫が、葉を食害する。大型のイモムシなので、被害が大きい。	見つけ次第、捕らえて処分する。昆虫好きの友人に譲る。
アザミウマ	2mm程度の虫が、葉や花を食害し、カスリ状の傷をつける。ハダニと症状が似ている。スリップスともいう。	苗の購入時によく苗の状態を確認する。鉢土にアルミ箔などを敷いて予防する。
アブラムシ	新芽や葉裏に群生する体長1mm程度の小さな虫。植物の汁を吸い、ウイルス病を媒介する。	紙を広げた上で、筆などを使って払い落として処分する。
カブラハバチ	2cm程度の黒色の幼虫が、葉を円形に食害する。	葉を振って落とし、捕らえて処分する。
カメムシ	植物の汁を吸う。	見つけ次第、捕らえて処分する。
コガネムシの幼虫	体全体は白色で、頭部が黄褐色をしている幼虫。地中に潜んで根を食害する。	土は湿っているのに、株がしおれて元気がなくなっていたら、根元を掘って確認。幼虫がいたら捕らえて処分する。
コナガ	淡緑色のアオムシが、葉裏の肉質部を食害する。	見つけ次第、捕らえて処分する。
シンクイムシ	小さなイモ虫が葉の芯や株の中心部を食害する。	こまめに観察して予防する。発見したら捕らえて処分する。
ナメクジ	夜間活動し、葉や花、実などを食害する。	昼間は鉢の底などに潜んでいるので探して捕らえる。あるいは、夜間活動しているところを捕らえて処分する。ビールで誘い出して捕らえる。
ニジュウヤホシテントウ（テントウムシダマシ）	橙色に多数の黒色の斑点がある丸い甲虫とその幼虫が、葉や茎、果皮を食害する。被害を受けた箇所は、波模様の跡が残る。	被害を見つけたら、成虫と幼虫を探して捕らえ、処分する。
ネキリムシ	夜間に土の中から出てきて、地面に近い部分を食害する。	食害された株の周囲を掘り返して、害虫を探し、捕らえて処分する。
ネコブセンチュウ	根の中に寄生して養分を吸い、根を腐らせたりコブをつくる。発症した株はしおれてくる。	清潔な土に植えつけて予防する。
ハダニ類	葉裏などに群生するごく小さい虫。植物の汁を吸い、被害を受けた葉がかすれたように色が抜ける。	ときどき葉の裏を洗うようにして予防する。発症したら専用薬剤で駆除する。
ハムシ	体長2〜3mmの小さな甲虫の幼虫と成虫が葉を食害して、小さな穴をあける。	見つけ次第、捕らえて処分する。
ハモグリバエ	幼虫が葉の中に入り込んで葉を食害する。被害を受けた葉は、絵を描いたように白い線が残る。	食害された葉ごと切り取り処分するか、葉の上から幼虫を潰す。
メイガ	幼虫が、茎や実の中に侵入して食害する。	茎や実の穴からクリーム色の粉状のふんが出ていたら、探して害虫を捕らえて処分する。
ヨトウムシ	昼間は土の中に潜み、夜間活動して葉などを食い荒らす。	夜間活動しているところを捕らえて処分する。
バッタ	エンサイの葉を食害する。	見つけ次第、捕らえて処分する。
オンシツコナジラミ	羽の生えた体長2mm程度の白色の虫が群生し、汁を吸う。	苗を購入するときに注意して、持ち込まないようにする。

基礎知識

園芸用語

コンテナで育てる 野菜づくりの基礎知識

野菜づくりには、専門用語や独特な表現といったものがあります。それらの用語を知ることで、野菜がより身近に感じられるでしょう。

あ

浅植え（あさうえ）
苗の根が地表から出ない程度に浅く植えつける方法。茎が多少隠れる程度に植えつけるのは深植え（ふかうえ）といいます。

育苗（いくびょう）
タネをまき、ある程度まで苗を育てること。

移植（いしょく）
別の場所に移して植えること。育苗した苗を、成長に合わせて適切な株間に植え替えること。

一番花（いちばんか）
ある株の最初に咲く花。

晩生（おくて）
ある野菜の中で、収穫時期がおそい品種。

遅霜（おそじも）
春を迎えてから降りる霜。野菜に大きな被害を与えることがあります。

お礼肥（おれいごえ）
数年にわたって収穫できる野菜に、収穫したあと施す肥料。

か

化成肥料（かせいひりょう）
チッ素、リン酸、カリのうち、2つ以上の成分を人工的に配合した肥料。

株間（かぶま）
株と株の間のこと。

株分け（かぶわけ）
地中で分かれて出た茎を、それぞれに芽や根をつけて切り分け、株をふやすこと。

花蕾（からい）
つぼみ。ブロッコリーやカリフラワーはここを食用とします。

緩効性肥料（かんこうせいひりょう）
少しずつゆっくりと効果が現れる肥料。

完熟堆肥（かんじゅくたいひ）
原材料が十分に発酵した状態の堆肥。

寒冷紗（かんれいしゃ）
ビニール繊維をメッシュ状に編んだ遮光用の資材。野菜づくりでは、害虫よけの目的で使われることがあります。

結球（けっきゅう）
キャベツ、ハクサイなどの葉菜類の葉が重なり合って固く巻き、球状になること。

嫌光性種子（けんこうせいしゅし）
光が当たる状態では発芽しにくいタネ。ウリ科やダイコンなど。これらは、タネをまいたら、かならず土をかぶせます。

好光性種子（こうこうせいしゅし）
光が当たらないと発芽しにくいタネ。タネをまいたら、ごく薄く土をかぶせます。

混作（こんさく）
異なる種類の野菜を混ぜてつくること。

さ

作付け（さくづけ）
野菜のタネをまいたり、苗を植えつけること。

直まき（じかまき）
育てる場所に直接タネをまいて育てること。おもに植え替えると根が傷みやすい野菜の場合に使います。

霜よけ（しもよけ）
霜の被害から野菜を守るように対策すること。

雌雄異花（しゆういか）
花が雄花と雌花に分かれていて、1つの株にその両方がつくこと。

遮光（しゃこう）
日よけをすること。家庭菜園では、寒冷紗などで覆って気温や地温の上昇を防ぎ、野菜の生育に適切な温度にすること。

条間（じょうかん）
列（条）状にまいたタネ、植えつけた苗の列（条）と列（条）の間。

す入り（すいり）
ダイコンやカブなどの野菜の根の部分に空洞ができて、スカスカの状態になったもの。

成長点（せいちょうてん）
茎や根の先端や、葉もの野菜などの新しい葉が出てくる部分。野菜が成長するところ。

生理障害（せいりしょうがい）
根のはたらきが悪くなり、肥料の微量要素が過不足状態になって、果実が変形するなどの症状が出ること。トマトの尻腐れ果、ハクサイの芯腐れなどがあります。

節間（せっかん）
葉のつけ根とつけ根の間。

施肥（せひ）
肥料を施すこと。

せん定（せんてい）
株の姿や形、高さなどを調整するために枝や茎を切る作業のこと。

側枝（そくし）
葉のつけ根につくわき芽から伸びる枝。

促成（そくせい）
自然の生育期間よりも早い時期に育てる栽培方法。

外葉（そとば／がいよう）
新しく伸びてきた葉を内側に包み込

む外側の葉。

た

堆肥（たいひ）
有機物を積み上げて、腐熟させたもの。土壌改良に使われます。

耐病性（たいびょうせい）
病気に対しての抵抗力。

団粒構造（だんりゅうこうぞう）
細かい土が固まって1つの粒になり、その粒が土全体を構成している状態。すき間が多いので、養分や水分、空気を蓄えやすくなります。

中耕（ちゅうこう）
株間を定期的に浅く耕すこと。土の水はけや通気性をよくする目的で行います。

長日植物（ちょうじつしょくぶつ）
日の出から日没までの時間が長くないと開花しない植物。

直根（ちょっこん）
株の真下に向けて長く伸びる太い根。ゴボウやニンジン、ダイコンなどに見られます。

追肥（ついひ）
生育の途中で施す肥料。

つぎ木（つぎき）
台木に穂木をついで苗をつくること。台木に病気に強いものを使うことで、耐病性のある苗がつくられます。コンテナ栽培の場合は、連作による病気の心配がないので、必ずしもつぎ木苗を植えなくてもよいでしょう。

土寄せ（つちよせ）
根元のまわりに土を寄せること。

定植（ていしょく）
苗を最終的に育てる場所に植えつけること。

摘心（てきしん）
芽の先端を摘み取って成長を止め、わき芽を伸ばすこと。

トウ／トウ立ち
野菜の花茎のことを「トウ」といいます。この花茎が伸びてくることを「トウが立つ」といいます。

徒長（ととう）
軟弱な茎や葉がヒョロヒョロと長く伸びた状態。

な

苗床（なえどこ）
苗をある程度まで育てる場所。育った苗をコンテナに植え替えて育てます。

は

培養土（ばいようど）
野菜など植物を育てるために使う土のこと。

鉢上げ（はちあげ）
苗床から苗を鉢に植え替えること。

花芽（はなめ／かが）
花となる芽のこと。

表土（ひょうど）
畑やコンテナの表面付近の土。

肥料切れ（ひりょうぎれ）
肥料不足の状態のこと。

肥料やけ（ひりょうやけ）
濃度の高い肥料が野菜に直接当たることで起こる障害。

覆土（ふくど）
タネの上に土をかぶせること。またはかぶせた土。

腐葉土（ふようど）
落ち葉が積み重なって発酵腐熟したもの。土壌改良に使用します。

pH（ペーハー）
土の酸性度をあらわす単位。0.0を酸性、14.0をアルカリ性の最強度、7.0を中性とします。

ぼかし肥（ぼかしごえ）
有機質肥料と土を微生物によって発酵させた肥料。有効成分が少しずつ、長期にわたって効果をあらわします。緩効性肥料として用います。

ホットキャップ
タネまきや植えつけ後に数株ごとにかぶせるドーム状のポリフィルムのテント。防寒の役目をします。

本葉（ほんば／ほんよう）
子葉が開いてから出てくる葉。

ま

増し土（ましつち）
成長に応じて土を補うこと。

間引き（まびき）
苗が生長して込み合ってきたら、ところどころ抜き取って成長に適した株間にする作業。

マルチング
株の周囲を覆うこと。土の乾燥を防ぐ、雑草防止、病害虫予防などの目的で使用します。

水切れ（みずぎれ）
植物の成長に必要な水分が不足している状態。

芽かき（めかき）
不要な芽伸びて大きくならないようにかき取る作業。開花や結実の調整を目的でおこないます。

元肥（もとごえ）
植えつけの用土にあらかじめ混ぜておく肥料。ゆっくりと効果が現れるタイプの肥料を用いるのが一般的。

や

誘引（ゆういん）
支柱に茎やつるを計画的に結びつける作業。株が倒れるのを防いだり、形を整えるために行います。

有機質肥料（ゆうきしつひりょう）
油かす、魚かす、骨粉、鶏ふん、堆肥など動物や植物が原料の肥料。土質の改善にも効果があります。

ら

ランナー
親株から伸びて土につき、先端に子株をつくって発根する茎。イチゴなどに見られます。

連作障害（れんさくしょうがい）
毎年同じ場所に同じ野菜を連続して育てることで、生育に障害があらわれること。コンテナ栽培では、一度使用した土は休ませてから使うことで予防できます。

わ

わき芽（わきめ）
葉のつけ根などに出る芽。これが伸びた枝を側枝といいます。

早生（わせ）
ある野菜の中で、収穫時期が早い品種。

基礎知識

〈監修〉
東京都立園芸高等学校

東京都世田谷区。園芸科、食品科、動物科がある。緑の多い伸び伸びとした敷地で、栽培実習、農業情報処理などを学ぶ。徳川家光遺愛の松や、原種を含む約200種ものバラ園がある。また、三宅島緑化プロジェクトも行っている。

所在地●東京都世田谷区深沢5−38−1

〈協力〉
東京都立農芸高等学校
草花・野菜・果樹を中心にした栽培実習のほか、東京都内の公共施設への植栽など地域との交流も盛ん。1年生から3年生までいっしょになり、伸び伸びと学んでいる。
所在地●東京都杉並区今川3-25-1

本書は、既刊『コンテナでできる はじめての野菜づくり』の新装版です。

本書の内容に関するお問い合わせは、書名、発行年月日、該当ページを明記の上、書面、FAX、お問い合わせフォームにて、当社編集部宛にお送りください。電話によるお問い合わせはお受けしておりません。また、本書の範囲を超えるご質問等にもお答えできませんので、あらかじめご了承ください。
　　　FAX：03-3831-0902
　　　お問い合わせフォーム：http://www.shin-sei.co.jp/np/contact-form3.html

落丁・乱丁のあった場合は、送料当社負担でお取替えいたします。当社営業部宛にお送りください。
本書の複写、複製を希望される場合は、そのつど事前に、(社)出版者著作権管理機構(電話：03-3513-6969、FAX：03-3513-6979、e-mail：info@jcopy.or.jp)の許諾を得てください。
JCOPY ＜(社)出版者著作権管理機構 委託出版物＞

新装版　コンテナでつくる はじめての野菜づくり

監修者	東京都立園芸高等学校
発行者	富　永　靖　弘
印刷所	公和印刷株式会社

発行所　東京都台東区台東2丁目24　株式会社 新星出版社
〒110−0016　☎03(3831)0743

Ⓒ SHINSEI Publishing Co., Ltd.　　　　Printed in Japan

ISBN978-4-405-08563-3